Autores:

GUILLERMO DE CASTRO MAQUEDA
MACARENA RIVERO VILA

EDUCACIÓN PARA LA SALUD: EMBARAZO Y DROGAS EN LA ADOLESCENCIA

Doctor Guillermo de Castro Maqueda:
- ✓ Licenciado en Ciencias de la Actividad Física y Deporte
- ✓ Doctor en Medicina del deporte por la Universidad de Cádiz.
- ✓ Profesor en los grados de la Facultad de Ciencias de la Educación y Ciencias de la Actividad Física y Deporte, Grado en Educación Primaria y Grado en Educación Infantil
- ✓ Ex Profesor de la Universidad Pablo de Olavide en la Facultad de Ciencias de la Actividad Física y el Deporte.
- ✓ 16 años de docencia en Educación Secundaria y Bachillerato.

Macarena Rivero Vila:
- ✓ Diplomada en Magisterio, Facultad de Ciencias de la Educación Universidad de Cádiz, Maestra funcionaria de la Junta de Andalucía en Educación Primaria y Educación Física.
- ✓ Profesora del Centro de Formación de profesorado de Andalucía, Responsable del curso de Formación de las Competencias Clave en el ámbito educativo.
- ✓ Master en cultura de paz, conflictos y derechos humanos.
- ✓ Licenciada en Psicopedagogía por la Universidad de Cádiz.

©Copyright: Guillermo de Castro Maqueda y Macarena Rivero Vila
©Copyright: De la presente Edición, Año 2017 WANCEULEN EDITORIAL

Título: EDUCACIÓN PARA LA SALUD: EMBARAZO Y DROGAS EN LA ADOLESCENCIA
Autores: GUILLERMO DE CASTRO MAQUEDA Y MACARENA RIVERO VILA

Editorial: WANCEULEN EDITORIAL
Sello Editorial: WANCEULEN EDUCACIÓN

ISBN (Papel): 978-84-9993-636-9
ISBN (Ebook): 978-84-9993-637-6

Impreso en España, 2017

WANCEULEN S.L.
C/ Cristo del Desamparo y Abandono, 56   41006 Sevilla
Dirección web: www.wanceuleneditorial.com y www.wanceulen.com
Email: info@wanceuleneditorial.com

Reservados todos los derechos. Queda prohibido reproducir, almacenar en sistemas de recuperación de la información y transmitir parte alguna de esta publicación, cualquiera que sea el medio empleado (electrónico, mecánico, fotocopia, impresión, grabación, etc), sin el permiso de los titulares de los derechos de propiedad intelectual. Cualquier forma de reproducción, distribución, comunicación pública o transformación de esta obra solo puede ser realizada con la autorización de sus titulares, salvo excepción prevista por la ley. Diríjase a CEDRO (Centro Español de Derechos Reprográficos, www.cedro.org) si necesita fotocopiar o escanear algún fragmento de esta obra.

ÍNDICE

1. Introducción 7
2. Consecuencias de las drogas en el recién nacido 13
3. Cafeína 23
   3.1. Cafeína durante el embarazo ¿Hay motivos para preocuparse? 25
4. Tabaco 28
   4.1. Tabaco y fertilidad femenina 31
   4.2. Tabaco, gestación y lactancia 32
5. Alcohol 35
6. El alcohol y el feto 36
7. Alcohol y embarazo sentencia para inocentes 41
   7.1. Síndrome alcohólico fetal (SAF) 41
   7.2. Beber con moderación ¿Afecta o no al niño en gestación? 43
   7.3. Efectos patológicos del alcohol en las primeras fases del desarrollo humano 45
   7.4. Síndrome alcohólico fetal: frecuencia del síndrome alcohólico fetal 47
8. Relaciones entre el consumo de alcohol materno y efectos sobe el feto 50
   8.1. Factores de riesgo 51
   8.2. Influencia del alcoholismo paterno 55
9. Cannabis y marihuana 57
   9.1. Cannabis y embarazo 57
   9.2. La marihuana y los órganos reproductores 58
10. Cocaína 60
    10.1. Efectos perinatales producidos por el consumo de cocaína en mujeres embarazadas 60
    10.2. La cocaína aumenta el riesgo de bajo peso al nacer 61
    10.3. Repercusiones médicas de la cocaína sobre los individuos y sus complicaciones 62
    10.4. Cocaína y embarazo, una fórmula para la muerte 65
11. Crack 69

12. Heroína y opiáceos **71**
    12.1. Introducción 71
    12.2. Exposición in-útero a opiáceos: complicaciones médicas,
        obstétricas y neuronductuales en el feto y neonato 73
    12.3. Heroína y embarazo 78
    12.4. Programas de mantenimiento con metadona (MM):
        disminución de los riesgos durante el embarazo 84
    12.5. Conclusiones 88

13. Otras drogas: **90**
    13.1. Anfetaminas 90
    13.2. Benzodiacepinas 91
    13.3. Barbitúricos 93
    13.4. LSD 93
    13.5. Inhalantes 94

14. Cuestionario para madres drogodependientes **96**
    14.1. Introducción 96
    14.2. Preguntas 97
    14.3 Respuestas 100

1. INTRODUCCION

Hasta la década de los setenta, la sexualidad era un tema *tabú*. Progresivamente se fué abriendo paso hasta nuestros días en que, definido como "el tiempo de la imagen" el sexo es ya parte del espectáculo cotidiano. De la prohibición absoluta con la que crecimos los nacidos años más o años menos, en los alrededores de la mitad de este siglo XX, la sexualidad ha pasado a ser un tema tan frecuente en los medios de comunicación y en las conversaciones en general, que a veces es utilizada en forma hastiante e incluso trivializada.

Las tendencias cuando son exageradas ponen en segundo plano los contenidos de los mensajes culturales que se proponen. Por mensajes culturales se entienden los *modos de pensar* que van a orientar luego las opiniones y las ideas, organizándose en "mentalidades" que son las que van a producir los modelos de análisis y de lectura, de los temas o problemas considerados importantes en una sociedad.

En Europa en general, el problema del machismo aún no ha sido superado. Entendemos por machismo el conjunto de creencias y actitudes que determinan y hacen perdurar la idea que el sexo masculino es superior al femenino. La visión machista es un fenómeno cultural originado en un contexto histórico determinado con condiciones económicas también determinadas que fueron la causa y origen de la misma pero que, al convertirse en consecuencia y efecto, siguen legitimando las desigualdades existentes en muchas sociedades.

Desde los centros educativos se viene potenciando la educación en valores de equidad e igualdad, ejemplo de esto es el programa que se lleva a cabo "igualdad entre hombres y mujeres" trabajando de manera transversal efemérides y valores de coeducación.

Es cierto que este tipo de programas y la inclusión dentro del currículum de conceptos hasta ahora no tratados con la importancia que merecían, van cambiando desde la base esa idea histórica de las desigualdades.

Pero queda un arduo trabajo en este sentido, no es raro que alumnos de primaria sigan diciéndonos, "mi papa ayuda a veces en casa a mama" o que dentro de etapas superiores oigamos a chicos expresarse con supremacía con respecto a las chicas.

Sólo con analizar los libros de texto destinados a la escuela primaria, los mensajes que contienen y las ilustraciones que presentan podemos llegar a la conclusión que persisten los estereotipos. Mujeres tiernas, sumisas y dependientes dedicadas enteramente al trabajo doméstico y al cuidado de los niños, y varones fuertes, seguros de sí mismos y poco expresivos, son renuentes a despedirse de la literatura escolar. Generaciones enteras de europeos se han educado con estos modelos.

En otras partes del mundo esas desigualdades han sido incluso más acuciadas, escogemos un país como Puerto Rico que nos sirve de ejemplo, las ideas e impresiones que han transmitido algunos libros de texto de la escuela primaria pueden determinar la visión del mundo que luego tendrá el adulto. En su libro "Machismo y Educación en Puerto Rico" Isabel Picó expresa *"los libros de texto poseen fuerza y capacidad para moldear, no sólo la capacidad de lectura, sino también las creencias, actitudes y valores en los estudiantes. Transmiten información sobre patrones de conducta y aspiraciones culturales, valores económicos, políticos y sociales, **modelos y roles sexuales**"*[1]

En nuestro país históricamente la premisa de que "los hombres no se besan" hace aún normal que un padre no exprese afecto a su hijo varón salvo con un ligero abrazo o un apretón de manos y que lo regañe cuando lo ve jugando a las muñecas con su hermanita, sin pensar que la ternura ejercida tempranamente con los muñecos pueda ser trasladada a su vida de adulto con los hijos. Asimismo las inclinaciones de la chica a deportes, considerados masculinos, hacen perder el sueño a muchos progenitores.

---

[1] Pico Isabel *Machismo y Educación en Puerto Rico* Centro de Investigaciones Sociales, Universidad de Puerto Rico, Segunda Edición, 1989

Como indicábamos anteriormente, gracias a que poco a poco las etapas de base van adquiriendo una educación diferente, empezamos a ver los frutos de este trabajo. Aunque han sido muchos años de estereotipos y de creencias muy arraigadas, quién no ha oído a algún amigo, conocido decir "A mi me parece bien que los homosexuales se casen, pero si un hijo mio es homosexual me da algo".

Mas grave aún es la ignorancia supina de muchos padres sobre psicología del púber y del adolescente. Los hijos tienen amigos y compañeros de clase con quienes juegan y salen de paseo, pero es normal en ambos sexos que tengan, la chica esa "amiga preferida" en la que confía de manera especial y el varón ese "amigo particular" que lo entiende y que pasa por sus mismas dificultades. Este tipo de amistades pone nerviosos a muchos padres sin saber que el ejercicio de saber amar correctamente a alguien del sexo opuesto pasa siempre por el ejercicio previo de ser buenos amigos con alguien del mismo sexo.

Franqueada la barrera impuesta desde siempre a multitud de generaciones con la frase: "de eso no se habla", se comenzó a hablar de todo, y todo significa escudriñar también en temas complementarios difíciles en torno al sexo como pueden ser contraceptivos, aborto, incesto, violación, homosexualidad, etc. En sociedades como la nuestra donde el machismo aún subsiste, escondido y solapado pero subsiste, los temas complementarios difíciles en torno al sexo, son en su mayoría considerados problemas femeninos a los que las mujeres deben enfrentarse intentando darles solución. El mensaje social indica que, el verdadero peligro para el varón se cierne solamente ante la sugerencia o sospecha de homosexualidad.

La homosexualidad provoca agudos sentimientos y emociones en las familias de raíz hispana. La reacción más común ante una posible homosexualidad es el miedo, los padres temen que sus hijos puedan llegar a ser homosexuales y los adolescentes tienen miedo de serlo.

Muchos preadolescentes y adolescentes de ambos sexos temen convertirse en homosexuales por haber participado en algún juego erótico o en alguna exploración sexual recíproca con amigos. Es más común de lo que se cree la curiosidad sexual que lleva a este tipo de juego que no tiene ninguna relación con lo que es realmente la homosexualidad y generalmente no influyen para nada con la futura identidad sexual.

La definición popular de la homosexualidad es la preferencia de buscar satisfacción sexual con personas del mismo sexo, sin embargo la definición real puede ser más complicada. Las definiciones populares complican las cosas y son entonces los modos de pensar los que orientan las ideas y opiniones de la gente hasta transformarlos en modelos culturales de los que hablábamos al principio.

Esto, unido al espectáculo del sexo realizado por los medios de comunicación que promueven estereotipos masculinos y femeninos realzando el juego de la seducción sexual a través de determinados productos de belleza o maquillaje, determinadas prendas de vestir y los más variados artículos de consumo, además de los personajes de cine o de televisión ejerciendo ese tipo de comportamiento, hace que a los padres pueda parecerles natural o incluso auspicien actitudes sexistas no acordes a la edad de sus hijos.

Niñas de los primeros años de primaria que asisten a actividades fuera de la escuela reservadas para ellas y en la que se excluyen a los chicos y alumnos, alentados por sus padres presumiendo de las novias que tienen en infantil, pueden despertar tempranamente a picardías reservadas tiempo atrás a la adolescencia y juventud. Preadolescentes maquilladas y vestidas como mujeres adultas o varones campeando por sus respetos con vecinitas y compañeras de escuela intentando demostrar lo machos que son, configuran un grotesco ejemplo de los modelos que reciben a nivel social sin tener, muchas veces, adultos coherentes que les muestren los límites y los disciplinen en la afirmación de su sexualidad.

Incluso es frecuente "la masturbación a duo" de muchos adolescentes pues por su escasa formación sexual y su limitada capacidad emocional esas relaciones no son expresión de un sentimiento profundo y duradero, sino en primer lugar de la búsqueda de alguien que sintiéndose en soledad por las razones que sean, necesita saberse amado y necesitado, y en segundo lugar, la demostración de un instinto que existe y que exacerbado por la moda que impera, los lleva a entregarse a vivir el momento sin siquiera percibir las consecuencias futuras.

La omnipotencia que caracteriza a los adolescentes influye en que ninguno piense en que las relaciones sexuales pueden producir niños o pueden ser la vía más fácil de contraer una enfermedad de transmisión sexual que afectará su vida para siempre. Es de todos conocidos que uno de los segmentos de población más afectado en la transmisión del HIV son los adolescentes y que el embarazo en esta edad se ha convertido en una verdadera pandemia para la cual no estaban preparados ni los sistemas educativos ni los sociales ni los de salud.

Foro como el que nos ocupa demuestran que ya existe una conciencia cierta del problema, todos los que trabajamos en prevención debemos transmitir esta conciencia a los padres en primer lugar, para que no apresuren las etapas de crecimiento psicológico y emocional de sus hijos y en segundo lugar a las instituciones: escuela fundamentalmente.

No es cuestión de relajar disciplinas ni de abogar por doctrinas liberadoras, se trata de crear un buen sistema de comunicación, apertura y perdón que estimule a los adolescentes a compartir con los adultos tanto sus aciertos y triunfos como sus faltas y equivocaciones, para que, cuando estas ocurren no se sientan marginados sino apoyados por la sociedad, ya que ellos no son cómplices de muchas de las cosas que les suceden, sino víctimas de un mundo que hemos construido los adultos que les precedemos.

Con este libro no queremos hacer juicios de valor, ni tan siquiera es un manual para profesores ni padres sobre como deben llevar temas tan tabus dentro d sus clases o sus aulas. Tan solo hemos pretendido recabar y transmitir información que les ayude en esta tarea.

Nuestros pilares giran en torno a la información y la prevención, información sobre la propia información ¿que significa esto? Vivimos en la sociedad del conocimiento y de la información tal y como apuntábamos antes, nuestros alumnos e hijos tienen a golpe de click todo lo que se puede leer sobre sexo, drogas etc... No queremos que sepan más sobre ello, queremos que sepan mejor, queremos crear sujetos críticos capaces de desechar aquello que no sea importante y sobre todo que le sirva para ser sujetos que sumen a la sociedad que con ellos estamos construyendo.

Creemos firmemente que los adultos y profesores debemos ir por delante de los adolescentes a pesar de la información que tienen a mano, quizás años antes nos sobraba con decir que " fumar mata" ahora no, ahora tenemos que saber como mata, como afecta para poder ser mucho más convincentes que cualquier eslogan de una marca de tabaco o cualquier página de internet que te cuente cuanto más vas a ligar con un cigarrillo en la mano, y este libro contiene mucho de todo esto, este libro nos da argumentos tanto a padres como a docentes para rebatir y para prevenir todo aquello que no queremos para nuestros jóvenes.

Y prevención, porque el exceso de información no exime a los adolescentes de caer en el mundo de las drogas o que en pleno siglo XXI siga habiendo embarazos no deseados, la formación debe empezar en la base coetánea con esa información pero en términos de prevención. Comenzábamos este documento admitiendo que empezamos a entrever los frutos que en materia de igualdad de géneros están dando programas impartidos desde los centros públicos, pues queremos llevar un camino paralelo a esta cuestión, fomentar desde los colegios e institutos los valores suficientes para evitar situaciones que siguen mermando a nuestra juventud.

No sabemos si este documento ayudará a algún adolescente a decir que no a las drogas, o algún embarazo no deseado o a algunos padres a hablar sin miedos sobre estos temas con sus hijos o a algún docente a enfocarlo dentro de su aula desde una perspectiva diferente, solo pretende dar datos, información para prevenir, si solo se produjese algo de los anteriores el trabajo invertido en ello, que ha sido mucho estaría de sobra justificado, ya que como dijo Jim Morrison " Muéstrate a ti mismo tu más profundo miedo, después de esto estarás preparado para mostrárselo a los demás".

GUILLERMO DE CASTRO MAQUEDA
MACARENA RIVERO VILA

2. CONSECUENCIAS DE LAS DROGAS EN EL RECIEN NACIDO

La Dra. Antonia Novello fué Directora del Servicio Sanitario Público de los Estados Unidos. Pronunció esta importante conferencia dentro del marco de la VI Conferencia Internacional sobre Drogas y Alcoholismo contra la Vida, celebrada los días 21, 22 y 23 de noviembre de 1991 en la Ciudad del Vaticano.

Por el abordaje global que realiza del tema sobre el cual abundaremos en esta publicación, hemos considerado importante reproducirla integramente.

En mi calidad de quirurgo genérico de los Estados Unidos y como pedíatra de profesión, el tema de mi intervención en esta Conferencia Internacional: "Efectos en el recién nacido del abuso de estupefacientes", me es especialmente grato, en cuanto he dedicado a su estudio muchas energías a lo largo de mi vida profesional.

Quisiera decir ante todo que pocos datos son capaces de impresionar a cada uno de nosotros o de provocar una emoción tan intensamente sentida, como los que se refieren a los efectos del abuso de estupefacientes sobre los más jóvenes y vulnerables habitantes del mundo, o sea los recién nacidos.

Sólo el pensar en un niño que, al venir al mundo, lleva consigo los efectos de la droga, es *considerado por todos una tragedia.* Prescindiendo de las propias ideas personales y políticas o del propio concepto de responsabilidad o de causa; prescindiendo igualmente de cualquier idea - por vaga que sea - acerca de las posibles soluciones que puedan adoptarse, la realidad del recién nacido ya expuesto a los efectos de las drogas es imposible de conciliar con cualquier visión de un mundo vivo y justo.

Todo esto produce compasión, empatía y tristeza pero suscita igualmente rabia y frustración, rabia por el dolor y el sufrimiento que el recién nacido debe soportar; frustración por lo absurdo del abuso de droga por parte de la madre.

La tarea que tenemos ante nosotros es la de conseguir transformar estos dos sentimientos en una acción conjunta y constructiva. ¿Cómo reaccionamos ante esta sincera sensación de un profundo error humano y cómo la utilizamos para movilizarnos a nosotros mismos, a nuestras comunidades, a nuestros gobiernos a fin de que den una respuesta?

Creo hoy que, si es cierto que este proceso depende de muchos factores, sobre todo puede depender de la fuerza de nuestra ciencia. Precisamente porque este tema provoca sentimientos tan profundos, para tener una guía, no debemos confiarnos exclusivamente a la comprensión empírica de estos datos. La ciencia debe guiar nuestra política.

Por eso resulta esencial una atenta lectura de cuanto sabemos y, cosa aún quizá más importante, dado el fuerte contenido emocional, es igualmente necesario un análisis de cuanto no sabemos.

Sabemos que la exposición del útero a las drogas puede dañar la salud y el bienestar del recién nacido de muchas maneras, primero directamente y más tarde, indirectamente.

Hablemos ante todo de la serie de efectos que yo definiría como "efectos tóxicos directos". Estos se refieren al impacto patofisiológico directo que el abuso de droga materno ejerce sobre la salud intrauterina, sobre el nacimiento del niño y sobre su desarrollo. Después hablaremos de los efectos indirectos, los que se refieren al impacto del abuso materno de droga en la propia vida de la mujer.

Más permítanme decir algo sobre los efectos del comportamiento materno sobre el recién nacido. Ante todo hay que poner en claro que la mayor parte de las sustancias ilícitas, durante la gravidez, pasan más allá de la placenta. No es una sorpresa que la exposición intrauterina a estas sustancias provoca seguramente un significativo retraso en el crecimiento del feto. Los datos recogidos en una serie de investigaciones han revelado una reducción media del peso al momento del nacimiento de unos 1000 gramos en los recién nacidos sujetos a tal exposición.

Aunque este efecto del peso medio reducido al momento del nacimiento pueda asociarse en alguna manera a la escasa alimentación directamente asociada a la tóxicodependencia, hay una amplia confirmación de que las mismas sustancias ejercen un impacto directo sobre el crecimiento del feto.

El mecanismo principal de este efecto deletéreo sobre el peso en el momento de nacer, se explica ya sea a través del escaso crecimiento intrauterino expresado por el bajo peso en edad de gestación, ya sea a través de la reducción de la duración de la gestación misma, o sea en un aumento del grado de prematurez. A este respecto, diversos estudios han descubierto aumentos importantes en el grado de *abruptio placentae*, una condición muy seria en la que la placenta se abre en largos sectores, o a veces parcialmente y que puede comportar una grave hemorragia y una inadecuada transmisión de oxígeno al feto.

Este aumento de la prematurez puede revelarse como un daño gravísimo para el recién nacido, porque puede originar una miríada de complicaciones médicas como alteraciones respiratorias, infecciones y hemorragias.

Los efectos directos intrauterinos de las sustancias narcóticas sobre el desarrollo cerebral no siempre son tenidos en la debida consideración. Existe la certeza, experimentada en cobayas, de que la heroína puede producir alteraciones en el crecimiento cerebral y conducir hasta el paro total del crecimiento mismo.

Además, diversas investigaciones han confirmado que la exposición del feto a estas sustancias lleva consigo anormalidades más sutiles, pero bien localizadas en el sistema nervioso. Durante los años cincuenta y sesenta se han publicado en la literatura médica una serie de estudios que describían los diferentes síntomas graves en los niños nacidos de madres tóxico-dependientes.

Otro conjunto de problemas del recién nacido ligados a las "crisis de abstinencia de estupefacientes "comprende evidentes señales de hiper-irritabilidad, disfunciones gastrointestinales, desórdenes respiratorios y diferentes comportamientos ligados a anormalidades del sistema nervioso autónomo. La alimentación puede ser notablemente deteriorada por reflejos alterados en el mamar, por eruptos y por una mayor excitabilidad.

Las alteraciones de las funciones gastrointestinales unen la deshidratación a los desórdenes metabólicos. En algunos de estos recién nacidos son frecuentes este tipo de problema y son habituales los graves desórdenes en el sueño. La gravedad de estos síntomas requiere en general cura médica y estricto control.

En todo caso, la mortandad infantil en estos recién nacidos ha ido en aumento, sobre todo a consecuencia del mayor grado de prematurez y de un aumento del 300 por ciento del Síndrome Infantil de Muerte Súbita (SIDS).

En contraste con la relativa estabilidad del nivel de tóxicodependencia en los últimos veinte años, el nivel de abuso materno de cocaína ha subido increíblemente. El inmediato y potente efecto que produce y la fácil disponibilidad en la forma poco costosa del "crack ", ha llevado, en muchas regiones de los Estados Unidos y en el resto del mundo, a un uso de cocaína de proporciones catastróficas.

Por ejemplo, el número de niños expuestos a la cocaína en la ciudad de Nueva York ha crecido en más del 300 por ciento entre 1983 y 1987. Sólo en 1989 han nacido más de 5.000 niños expuestos al crack. Los informes de algunos hospitales ciudadanos han indicado una cifra que oscila del 20 al 30 % de todos los recién nacidos que mostraban señales de exposición a la droga, y del 80 al 90% por ciento de los casos se refería a la cocaína.

De hecho no es una sorpresa que haya habido un aumento exasperado de atención a los efectos de la cocaína en el feto, en el recién nacido o en el niño. Los efectos de la cocaína en estos casos son particularmente graves, puesto que la sustancia penetra con facilidad en la placenta y en todas las partes del cuerpo fetal, incluído el cerebro.

Además, el estado de "excitación eufórica" provocado por el consumo de crack puede conducir a niveles de exposición fetal aún más elevados. Parece ser que la cocaína tiene una notable propiedad vaso-constringente, por lo que restringe los vasos de la placenta y, por lo tanto, la cantidad de sangre en el feto. Tal fenómeno parece desembocar en el escaso crecimiento del feto y, tal vez, si sucede en los primeros meses de la gestación, en malformaciones congénitas. El uso de cocaína, especialmente el asociado a la excitación eufórica, está estrechamente ligado a una sensible reducción del apetito de la madre durante el embarazo.

Parece que la reducción del nivel de nutrición que resulta de ello, y su efecto directo en la afluencia de sangre en la placenta, son las causas principales del escaso peso, altura y circunferencia de la cabeza al momento de nacer - y esto último es un importante índice del crecimiento cerebral del recién nacido.

La cocaína puede, además, dañar el curso del parto intensificando la contractilidad del útero y apresurando el comienzo del parto prematuro.

En diversos estudios, el nivel de la *abruptio placentae* ha aumentado por lo menos seis veces con respecto a la gravidez de madres no dadas a la cocaína; como ya he dicho, el impacto de la prematurez, el escaso crecimiento intrauterino y las complicaciones obstétricas sobre el recién nacido pueden ser desastrosos

Por si tales efectos fueran poco, el recién nacido expuesto a la cocaína manifestará una amplia gama de síntomas, como irritabilidad, temblores, insomnio, inapetencia y diversas y sutiles anomalías neurológicas. Estos síntomas se encuentran generalmente en los primeros días de vida y como norma no requieren terapias importantes.

Esta constelación de señales y de síntomas del recién nacido crea en derredor un gran interés por el futuro desarrollo del pequeño. En todo caso, a pesar de la creciente preocupación, hay de hecho un escaso conocimiento científico de los efectos a largo plazo de la exposición intrauterina a la cocaína. Se han encontrado carencias en la socialización, en el juego, en la concentración, pero son pocos los conocimientos seguros acerca de estos problemas o su particular conexión a la cocaína.

De todos modos, debemos decir que, a pesar de esta falta bastante grave de conocimiento de los efectos a largo plazo, podemos concluir que los efectos tóxicos directos del abuso de estupefacientes y de cocaína durante el embarazo son numerosos e importantes, ponen en marcha mecanismos que dañan partes fundamentales del feto, del crecimiento del niño y de su desarrollo.

En fin, los hechos nos obligan a reconocer que el abuso materno de drogas en general y de cocaína en particular es dañoso para el recién nacido y la madre y debe ser combatido a toda costa.

Limitando la discusión a los efectos de la droga en el recién nacido, no podemos ni debemos en absoluto descuidar, según mi parecer, una serie de efectos tal vez aún más importantes (efectos "indirectos") relacionados con el impacto del abuso de droga en la vida de la mujer, en la familia y en la más vasta comunidad. Estos efectos indirectos pueden resultar tan destructores como los efectos directos que acabamos de analizar.

Son numerosos los estudios que revelan la globalidad de los efectos del abuso de droga en la vida de una mujer. La alimentación se hace insuficiente, la higiene de base resulta a menudo ignorada y disminuye trágicamente porque no asisten a recibir los servicios médicos y nutricionales que existen para el recién nacido y que están a disposición de estas mujeres. Estos no son efectos tóxicos directos, pero son igualmente importantes y, para el recién nacido, igualmente desastrosos.

Existe una abundantísima literatura acerca de los efectos a largo plazo, que documenta que la calidad del ambiente doméstico del pequeño reviste una influencia fundamental en el crecimiento y desarrollo intelectual del niño.

Aún sin contar los efectos tóxicos directos de la cocaína sobre el recién nacido, la simple perspectiva de vivir los cinco primeros años de vida en una casa devastada por los efectos de la tóxicodependencia, debe ser considerada la amenaza principal para el bienestar del niño.

Por ejemplo, la hiper-irritabilidad asociada a la exposición del recién nacido a la cocaína se traduce a menudo en una base desastrosa para la interacción entre madre e hijo. Muy a menudo, estos niños son muy difíciles de consolar, de nutrir y en algunos casos, incluso de amar. Aquí, los efectos directos aumentan la vulnerabilidad inducida por los efectos sociales.

La realidad es que tratar de aislar la toxicidad directa del abuso materno de droga de la pobreza, la marginación y el destructor estilo de vida que tantas veces están en la base de tales comportamientos, acaba siendo no sólo difícil, sino también contraproducente.

Y hay que considerar también los efectos sobre la comunidad. No sé cuantos de ustedes, aquí presentes, han pasado mucho tiempo en una comunidad ultrajada por el abuso de drogas, pero no hay duda de que la marginación, la enajenación, la ausencia de solidaridad y los completamente inadecuados sistemas de asistencia local, dañan a cuantos viven dentro de una comunidad así, especialmente a los niños.

Todo ello destruye lo que hay de bueno hasta en las comunidades más pobres: no existe ya la vitalidad de la vida de vecindad, la estuctura social que siempre tiene ligadas a las familias y las familias a las instituciones locales como la iglesia, la escuela o el sistema de asistencia sanitaria.

La realidad es que el período de máxima vulnerabilidad para el niño puede estar en el primer período del embarazo o incluso antes de que la mujer se dé cuenta de hallarse en estado de gestación, en todo caso, antes de que se pueda intervenir positivamente.

Además hay opiniones opuestas de cuanto al hecho de que la *abstinencia* de un fuerte uso de drogas durante el embarazo pueda ser peligrosa. Más bien debe decirse que los servicios de asistencia y las medidas de prevención deben ser proporcionadas a todas las mujeres que las necesiten, sin distinguir entre las embarazadas o no.

Reconozco que cada país tendrá su modo de financiar y hacer disponibles los servicios de asistencia a drogadictos. Pero lo que me interesa y debería interesar a todos nosotros está en la *naturaleza* de la asistencia disponible. Por ejemplo: ¿es accesible dicha asistencia a todas las mujeres? ¿Están convenientemente localizadas las clínicas y abiertas cuando es necesario? ¿Hay en el lugar servicios de soporte, como transporte y asistencia a los niños, que permitan a las mujeres someterse a la asistencia?

Y, aún más importante, ¿el tratamiento es sensible a las necesidades de las mujeres, que tiene en cuenta el hecho de que, por lo menos en algunos países, la mayor parte de estas mujeres llevan consigo historias de violencia sexual y doméstica?

Tenemos el deber de conferir este escenario de asistencia disponible y eficaz con un dato que preocupa aún más, un dato que subraya el papel del gobierno con respecto al individuo, es decir: ¿cómo debería y cómo puede el gobierno asumir su tarea de ocuparse de las mujeres drogadictas en estado de embarazo? No existe una respuesta simple, dada la naturaleza crónica y renunciará de la tóxicodependiencia. Pero yo tengo fe, y muchas personas en mi país piensan como yo, en que las mujeres dependientes de la droga y sobre todo las embarazadas, harán uso de la asistencia cuando ésta sea disponible y accesible.

De todos modos, el problema más importante sigue siendo el mismo: ¿podemos obligar a alguien a enfrentarse con su dependencia? ¿Debemos adoptar métodos más directos, como la asistencia obligatoria, para llevar a estas mujeres a hacerse asistir? Como médico no puedo responder; como mujer, menos aún. Pero como ser humano, digo que nuestra primera respuesta debería ser la de hacer más disponibles y accesibles los servicios sociales y sanitarios, para ayudar a los individuos y a las familias implicados en la droga. Sólo cuando las otras medidas en apoyo de un individuo hayan fracasado y cuando los niños hayan sido abandonados o hechos objeto de violencia, sólo entonces habrá espacio para medidas más directas.

Yo sostengo que todos nosotros, en el gobierno o fuera de él, debemos obrar por el más alto interés de los niños. Ese principio sonará rudimentario, pero puede parecer en desacuerdo con el objetivo igualmente importante de preservar a la familia, en particular si pensamos en las familias que sufren por problemas relacionados con la droga. No basta reconocer en el niño la necesidad de ser protegido, sino que tenemos que interrogarnos acerca de cuán rápidamente actuamos como sociedad para dar a ese niño un ambiente familiar estable y duradero.

En cuanto al ambiente, para garantizar esa estabilidad, los gobiernos deberían dirigirse a las familias *y a los padres de los niños*. Naturalmente, semejantes decisiones deben tomarse caso por caso, pero démonos cuenta de cuán importante es para todos nosotros reconocer el carácter indispensable de estos miembros de la familia para el bienestar del niño.

Es igualmente necesario recordar que los narcóticos, la cocaína y otras sustancias ilícitas tienen efectos desastrosos en el recién nacido, y que lo mismo puede decirse de una gran variedad de sustancias consentidas, como el alcohol y el tabaco. Debemos estar atentos a no concentrarnos demasiado sobre el carácter ilícito de ciertos comportamientos maternos.

La ciencia ha documentado los trágicos efectos del Síndrome Alcohólico Fetal y los efectos Alcohólico-Fetales sobre el recién nacido, graves e indelebles durante toda la infancia, si no por toda la vida. Se ha demostrado que la madre que fuma perjudica gravemente más que cualquier otro comportamiento materno el crecimiento fetal y tiene efectos sobre la prematurez y la debilidad del niño y puede provocar su muerte. No sólo los efectos potenciales de estas sustancias son tan peligrosos como los ligados a los estupefacientes y a la cocaína, sino que son mucho más comunes en muchas sociedades.

Vuelvo ahora al punto de partida. Debemos prestar atención a que la emoción producida por el abuso de droga en una mujer encinta no cierre nuestras mentes al más amplio desafío de garantizar la salud a las mujeres y a los recién nacidos. Debemos aprovechar estos sentimientos, esta frustración, y convertirlos en políticas constructivas y en la voluntad política necesaria para su mejor aplicación.

No debemos permitir que nuestra frustración nos impida desafiar y destruir todas las formas de comportamiento materno que amenazan la salud de los recién nacidos, y reconocer que esta voluntad supone por definición un compromiso más vasto para con la salud de todas las mujeres, independientemente de su estado.

Algunos sostienen que esta rabia o frustración que advertimos a consecuencia de la conducta de estas mujeres, no debe tocar la decisión y la actuación de estas políticas. No estoy de acuerdo. La frustración es real, arraiga en nuestras convicciones en torno a lo que es justo y a lo que es erróneo y, al fin, nos da un motivo más para actuar. Pero mientras la rabia puede *inspirar* nuestras políticas, al mismo tiempo puede *restarles inspiración* y, en última instancia, anular todos los buenos propósitos.

Mi opinión es que el camino más productivo siga siendo el configurado por nuestra rabia, pero guiado por nuestra ciencia.

Mi esperanza es que a través de la unión entre compasión e intuición empírica, conseguiremos renovar el compromiso para abordar esta amenaza catastrófica para nuestros hijos y para nosotros mismos y conseguiremos el poder necesario para asegurarnos de que la próxima generación de niños nunca conozca las devastaciones.

En nuestro trabajo con los niños debemos siempre acordarnos de escuchar con sus oídos, ver con sus ojos y sentir con sus corazones; sólo entonces podremos ser llamados defensores de las mujeres y de los niños de todo el mundo.

Profesora ANTONIA NOVELLO
Director del Servicio Sanitario Público.
Washingtong, D.C., U.S.A.

3. CAFEÍNA

La cafeína se ingiere en forma abundante a través del café, té, cacao y bebidas de cola. Es rapidamente absorbida en el sistema digestivo y se difunde a casi todos los tejidos del organismo[2], atravesando también la placenta [3]

Debido a la relación estructural con las bases del AND los científicos han observado que la cafeína provoca aberraciones cromosómicas en células de mamífero. [4] La cafeína puede interferir también en el crecimiento del feto. [5]

Experimentos realizados han comprobado que al incrementarse las dosis de consumo de cafeína, aumentan también los casos de morbilidad y mortalidad embrionales y fetales. [6]

Por lo tanto se puede afirmar que la cafeína es una sustancia potencialmente peligrosa que podría afectar el óvulo antes y durante la fecundación y al embrión y al feto durante toda la gestación.

Desde 1980 la US. Food and Drugs Administration (Oficina de Control de Alimentos y Drogas de los Estados Unidos) recomienda a las mujeres embarazadas que limiten su ingesta de cafeína al mínimo posible. Para hacer esta recomendación la oficina mencionada utilizó datos obtenidos principalmente de experimentos realizados con animales.[7]

En un estudio efectuado sobre mujeres embarazadas atendidas por médicos privados y por organizaciones para el mantenimiento de la salud

---

[2] Yesair DW y otros "Human disposition and some biochemical aspects of methylxanthines." En: Spiller GA, ed. The Methylxanthine Beverages and Foods Chemistry, Consumption and Health Effects. Nueva York: Alan R. Liss Inc, 1984
[3] Mirkin Bl. "Singh S. placental transfer of pharmacologically active molecules. En Mirkin BL, ed. Perinatal Pharmacology and Therapeutics. Nueva York: Academic Press 1976
[4] Khilman BA, "Caffeine and Chromosomes. Amsterdam: Elsevier Science Publishers, 1977
[5] Morris M S, Weinstein L. "Caffeine and the fetus: is trouble brewing? Am J Obstet. Gynecol, 1981
[6] Duglosz I., Bracken MS. "Reproductive effects of caffeine: a review and theorical analysis. Epidemiiol Rev, 1992
[7] Goyan J.E. " Food and Drug Administration, new release" NP80-36 FDA, 4 de septiembre de 1980 Washington DC

en New Haven, Conn. dos investigadores observaron un incremento de 1,73 de casos de aborto espontáneo al finalizar el primer trimestre de embarazo y de un 0,03 durante el segundo, en mujeres embarazadas con ingestas diarias de cafeína de más de 151 gr. [8]

Sin embargo este riesgo no se aumentó al incrementarse las dosis de café.

Diferentes investigadores realizaron estudios sobre mujeres con abortos espontáneos a las 20 semanas de gestación y en la que se pudo realizar el estudio anatomopatológico del feto en diferentes laboratorios de anatomía patológica hospitalarios de Santa Clara County en California entre junio de 1986 y febrero de 1987.

Previamente entre 1982 y 1984 habían sido entrevistadas en el momento de ser hospitalizadas mujeres bajo amenaza de aborto. Los autores observaron que el riesgo de aborto aumentó en un promedio de 1,017 por cada taza de café [9] diaria.

Otros investigadores utilizaron el Grupo Control de Diabetes in Early Pregnancy Study para valorar de forma prospectiva, la relación entre consumo de cafeína y aborto espontáneo. Al comparar la cantidad de mujeres que habían consumido cafeína sin medida, con las que no habían consumido ningún alimento en cuya composición entrara esta sustancia, el aumento de aborto espontáneo fué de 1,15. Veinticuatro de estas mujeres de las que diez y nueve habían tenido parto normal y cinco un aborto espontáneo tomaban 300 mg o más de cafeína al día. [10]

---

[8] Srisuphan W, Bracken MS. "Caffeine consumption during pregnancy and association with late spontaneous abortion" AM J Obstet Gynecol 1986, N* 154

[9] Armstrong BG y otros "Cigarette, alcohol and coffee consumption and spontaneus abortion. Am J. Public Health 1992 82: 85-87

[10] Mills JL y otros "Moderate caffeine use and the risk of spontaneous abortion and intrauterine growt retardation" JAMA 1993, 269: 593-597

> **RESULTADOS DE UN ESTUDIO REALIZADO EN UN HOSPITAL OBSTÉTRICO- PEDIÁTRICO DE QUEBEC AFILIADO A LA UNIVERSIDAD DE MONTREAL EN CANADÁ**
>
> **Objetivo:** Determinar si la ingesta de cafeína antes y durante el embarazo se asocia a un incremento de aborto espontáneo.
>
> **Participantes:** Un total de 331 mujeres con aborto y 993 controles con embarazo normal durante el mismo período de embarazo que el caso correspondiente.
>
> **Conclusiones:** La ingesta de cafeína antes y durante el embarazo se asocia a un incremento en el riesgo de aborto espontáneo, lo que apoya la recomendación de la US Food Administration para que las mujeres embarazadas disminuyan su ingesta de cafeína, recomendación que principalmente está basada en estudios realizados con animales de experimentación.
>
> (JAMA 1993; 270: 29.40-2.943)

3.1. CAFEÍNA DURANTE EL EMBARAZO ¿HAY MOTIVOS PARA PREOCUPARSE?[11]

¿Es inofensivo el consumo de cafeína durante el embarazo? Esta es la pregunta que se hace la Dra. Brenda Eskenazi de la Escuela de Salud Pública de la Universidad de California en Berkeley CA, al manifestar que la cafeína es el fármaco psicotrópico más utilizado ya que es consumido a través de las bebidas cafeinadas, al menos por el 75% de las mujeres embarazadas.

Abundando sobre el estudio realizado por Mills y otros, a través del Grupo Control de Diabetes ya mencionado y por el realizado en el Hospital de Quebec cuya síntesis hemos reproducido en la página anterior, indica que aunque hay contradicciones entre ambos, la mayor parte de los datos indican que los valores elevados de consumo de cafeína (más o menos unos 300 mg. al día) durante el embarazo son potencialmente peligrosos.

Aunque en uno de ellos no se pudo demostrar ningún efecto de la cafeína sobre el desarrollo neurológico del niño[12], en otro se demostró un

---

[11] Eskenazi B. "Cafeína durante el embarazo. ¿Hay motivos para preocuparse?" JAMA (Ed.especial), vol. 3, núm. 5, 1994

desarrollo neuromuscular insuficiente con mayores niveles de vigilia e irritabilidad en los neonatos.[13]

Advierte además que en ninguno de los dos estudios prospectivos se valoraron secuelas a largo plazo como puede ser la diabetes infantil, que constituye una asociación que se sugirió en uno de ellos.[14]

Finaliza diciendo que una recomendación realizada exclusivamente a la mujer embarazada puede ser demasiado tardía para prevenir algunos de los efectos adversos de la cafeína sobre la reproducción, ya que la mayor parte de las mujeres no se dan cuenta de su embarazo hasta la mitad del primer trimestre y por tanto no reciben asistencia hasta después de la décima semana de gestación.

Esperar a este momento es tarde para advertencias pues los órganos del feto ya se han formado y se han producido también un porcentaje alto de abortos espontáneos.

Es también importante prevenir a las mujeres que desean quedar embarazadas, que el consumo de cafeína puede influir en la fertilidad[15] y en el estudio realizado en Montreal se observa que el consumo de cafeína, incluso antes del embarazo, incrementa el riesgo de aborto espontáneo.

También es importante notificar a las mujeres que están dando de mamar, debido a que la cafeína se elimina a través de la leche y puede afectar al lactante durante el período de neurodesarrollo continuado.

Expresa además que, teniendo en cuenta los recientes resultados obtenidos en la experimentación con animales, en los que se sugiere la aparición de efectos sobre el desarrollo procedentes de la línea paterna,

---

[12] Streissguth AP y otros, "Effects of maternal alcohol, nicotine and caffeine use during pregnancy on infant mental and motor development at eight months. Alcohol Clin.Exp. Res 1980

[13] Jacobson W y otros, "Neonatal correlates of prenatal exposure to smoking, caffeine and alcohol Inf. Behav.Dev. 1884, 7

[14] Tuomilehto J. y otros "Coffee consumption as trigger for insulin dependent diabetes mellitus in childhood" BMJ 1990

[15] Wilcox A y otros "Caffeinated beverages and decreased fertility". Lancet 1988

quizás las recomendaciones sobre los efectos tóxicos de la cafeína en el área de la reproducción, no deberían limitarse a las mujeres.[16]

Finaliza diciendo que aunque todavía no hay respuestas para muchas preguntas, el clínico debe siempre inclinarse para el lado de la precaución.

La cafeína está bajo el control del consumidor, dado que su consumo está tan extendido, cualquier consecuencia adversa a que dé lugar, por pequeña que sea, va a producir importantes implicaciones en la salud pública.

Insiste en que la U S Foods and Drugs Administration realizó, ya desde 1980, una recomendación basada en la experimentación de animales, de que las mujeres embarazadas deberían limitar al mínimo su consumo de cafeína.

Han pasado más de quince años de esa recomendación y la misma sigue siendo apropiada.

---

[16] Pollard I, y otros "Male mediated caffeine effects over two generations of rats" J.Dev.Physiol. 1988

4. TABACO

El alcance de las campañas en contra del cigarrillo han propiciado que aunque no eliminen el hábito, las mujeres vayan tomando conciencia de los peligros a los que exponen a su hijo en formación.

En la mujer fumadora se alerta sobre los efectos perinatales que el uso de tabaco puede producir:

- abortos precoces
- disminución del peso fetal
- mayor incidencia del retraso del crecimiento intrauterino fetal
- parto anticipado
- placenta previa
- desprendimiento placentario
- malformaciones fetales
- alteraciones en la frecuencia cardíaca fetal
- trastornos del desarrollo de la infancia
- síndrome de muerte súbita neonatal
- mayor mortalidad perinatal

Según numerosos estudios realizados, fumar durante el embarazo es la causa más frecuente de retraso en el crecimiento fetal intrauterino en los países desarrollados.

Aunque algunos médicos se muestran escépticos a admitirlo un ensayo realizado sobre algo más de diez mil mujeres en Escandinavia [17] ha demostrado una asociación significativa entre el contenido de nicotina de los cigarrillos y el crecimiento fetal, medido en términos de peso, talla y circunferencia cefálica.

Dicho crecimiento no se relaciona con haber fumado antes del embarazo ni tampoco con los hábitos tabáquicos del cónyuge.

---

[17] Olsen J. "Cigarette smoking in pregnancy and fetal growth. Does the type of tobacco play a role?" *Int. J.Epidemiol.* 1992

Según el estudio, el fumar no sólo afecta la abundancia de tejido adiposo, sino el desarrollo de órganos vitales como el cerebro.

Por lo tanto <u>fumar durante la gestación no puede considerarse inocuo.</u>

Mediante su enfoque en el contenido de nicotina de los cigarrillos fumados, el estudio ha corroborado la hipótesis de que el tabaquismo reduce el crecimiento fetal y señala la nicotina como uno de los posibles factores causales.

Se cree que el tabaco interfiere con el aporte de sangre al feto debido a la constricción de los vasos umbilicales y a niveles aumentados de *carboxihemoglobina*.[18] Lo que disminuye la oxigenación del sistema.

En el estudio que nos ocupa también se confirmó un menor aumento del peso materno.

Otro interesante estudio es el realizado por profesores y médicos del Departamento de Pediatría del Centro Médico de la Universidad de Rochester en el estado de Nueva York [19] quienes examinaron la correlación entre el consumo de cigarrillos por la madre durante el embarazo y el rendimiento intelectual de los niños durante los primeros cuatro años de vida.

Para ello se realizó el seguimiento prospectivo de los participantes en un estudio clínico al azar sobre visitas domiciliarias a cargo de enfermeras pediátricas durante el embarazo y el período de la lactancia, en una comunidad semirrural de Upstate, en el estado de Nueva York.

Se incluyeron en el estudio cuatrocientas familias en las que las madres se registraron antes de las treinta semanas de gestación y no habían dado a luz nacidos vivos anteriormente.

---

[18] El monóxido de carbono (gas producido por la combustión del tabaco y el papel que envuelve el cigarrillo) tiene una afinidad con la hemoglobina de la sangre doscientas cuarenta veces superior a la que ésta tiene con el oxígeno. Al unirse este gas con la hemoglobina forma la *carboxilhemoglobina* por lo que la oxigenación de los tejidos se ve sensiblemente disminuída favoreciendo las patologías cardiovasculares.

[19] Olds, D.Henderson, Ch. y Tatelbaum, R. "Afectación intelectual de los hijos de mujeres que fumaron durante el embarazo" Department of Pediatrics, University of Rochester Medical Center, Rochester, Nueva York, publicado en Pediatrics (ed.especial) Vol.37, número 2. 1994

El 85% de las madres eran adolescentes solteras (alrededor de los 19 años en el momento del registro) con escasos ingresos económicos. El análisis se limitó a mujeres de raza blanca que suponían el 89% de la muestra.

Los niños cuyas madres fumaron diez o más cigarrillos al día durante el embarazo presentaron puntuaciones Stanford Binet a los tres y cuatro años de edad que se encontraban 4,35 puntos (intervalo de confianza del 95%: 0,02-8,68) por debajo (después de controlar un amplio margen de variables) en comparación con los niños cuyas madres no fumaron durante el embarazo.

Se llegó a la conclusión que los resultados del mismo se suman a las pruebas constantemente crecientes de que el consumo de cigarrillos por parte de la madre durante el embarazo, supone un riesgo aislado de alteraciones del neurodesarrollo en los niños y aporta una razón adicional para que las mujeres embarazadas no fumen.

Una encuesta sobre drogodependencia realizada por el Departamento de Sanidad y Seguridad Social de la Generalitat de Cataluña, demuestra que el hábito de fumar en las mujeres de edad fértil experimenta un progresivo aumento en esa región española.

Un cuestionario que forma parte de estudios de educación continuada ofrecido a los profesionales de la enfermería sobre madres drogodependientes [20] les recomienda aconsejar y tratar de convencer a las gestantes que eliminen el consumo de tabaco durante el embarazo para evitar así los efectos nocivos a que exponen a su niño en formación.

Apoyan esta recomendación insistiendo en que los diferentes estudios que se ocupan del mal hábito de fumar durante la gestación muestran una relación directa entre la cantidad de tabaco consumido y la incidencia de placenta previa, desprendimiento prematuro de la misma, hemorragias durante el embarazo y roturas prematuras de membranas

---

[20] Martínez Barellas R. y otras "Recién nacidos de madres drogodependientes" Revista ROL de Enfermería N* 189, mayo 1994, España

con el consiguiente mayor riesgo de retraso de crecimiento intrauterino, nacimientos prematuros o pérdidas fetales.

4.1 TABACO Y FERTILIDAD FEMENINA

Un estudio realizado en Dinamarca[21] descubrió que existe relación entre el retraso en la concepción y el consumo de tabaco. Asimismo la Asociación de Planificación Familiar de Oxford realizó un estudio de contraconcepción que incluye datos de diecisiete mil mujeres en edad fértil, seguidas durante un tiempo medio de once años y cinco meses el que fué observado por investigadores[22] que descubrieron una disminución significativa de la fertilidad en las fumadoras, siendo dicha disminución más acusada cuanto mayor era la intensidad del consumo.

Se observó que a los cinco años de cesar la contraconcepción, el 10,7% de las fumadoras de veinte cigarrillos al día, seguían sin gestación en comparación con el 5,4% de las no fumadoras.

La fertilidad de las mujeres ex fumadoras, no mostraba diferencias con las que nunca fumaron.

El hábito de fumar ha sido asociado con una alteración del perfil estrogénico urinario durante el ciclo menstrual, y con una menopausia natural a una edad más temprana.[23]

También el tabaco podría afectar la fertilidad indirectamente en el sentido de que las mujeres que fuman tengan maridos también fumadores y que el tabaco afectase la espermatogénesis.

Otros investigadores[24] observaron un porcentaje significativamente superior de anormalidades espermáticas en fumadores, en comparación con los no fumadores.

---

[21] Olsen J. et al: Estudio epidemiológico. Int.J.Epidemiol, 1983
[22] Howe G, et al; Br. Medical J, 1986
[23] Jick H. et al: Lancet, 1977
[24] Evans y colab., Lancet, 1981

Sin embargo es poco probable que un efecto indirecto provoque una influencia tan grande.

4.2. TABACO, GESTACIÓN Y LACTANCIA[25]

Durante los últimos veinticinco años se han realizado numerosos estudios epidemiológicos que han demostrado que el tabaquismo materno afecta de modo importante al feto y al recién nacido durante el período de lactancia.

El consumo de cigarrillos afecta de manera importante el crecimiento fetal, con una disminución de todas las dimensiones del recién nacido, pero especialmente del peso al nacer (200 grs. menos que los hijos de madres no fumadoras)

Existe una relación dosis - respuesta, siendo mayor la tasa de recién nacidos de bajo peso al nacer, cuanto mayor sea el número de cigarrillos consumidos.

El tabaquismo anterior al embarazo no ejerce ninguna influencia sobre la gestación y si una mujer deja de fumar al quedar embarazada, el riesgo de tener un hijo de bajo peso es similar al de una mujer no fumadora.

Este bajo peso al nacer de los hijos de madres fumadoras se deba a una tasa de crecimiento retardada y no a un acortamiento del período de gestación.

Este retraso del crecimiento fetal se supone que es consecuencia de la *hipoxia* fetal relativa que daría lugar a una tasa de división *mitótica* más lenta de lo normal y al nacimiento de niños con menor número de células que los de las madres no fumadoras.

---

[25] Gestal J.: "Tabaquismo, ¿Un problema de Salud Pública?" En Drogodependencia - Ciclo de Conferencias, Caixa Ourense, 1992

Se ha podido comprobar, realizando las determinaciones al mismo tiempo, que el nivel de carboxihemoglobina en la sangre fetal, es bastante mayor que en la sangre periférica de la madre.

Existe también un incremento de la frecuencia de aborto espontáneo, observándose en algunos estudios una fuerte relación dosis - respuesta.

Las tasas de complicaciones durante el embarazo y el parto, en especial de complicaciones placentarias y de nacimientos prematuros, están aumentadas en las madres fumadoras.

Recomendaciones:

> El embarazo por ser una situación muy especial en la vida de una mujer o de la pareja, suele condicionar un estado de sensibilidad, que al igual que otras toxicomanías, hace más factible la deshabituación.
>
> Por lo tanto nuestra acción debe ir dirigida a dos niveles:
>
> *Nivel 1*
>
> Intentar que la gestante abandone el cigarrillo, que disminuya su consumo o pase a formas menos tóxicas (bajos en nicotina o alquitrán). Para lograr estos objketivos es necesario tener una buena relación profesional o personal y que se le ofrezca una información real, detallada y científica de los peligros a que somete voluntariamente a su hijo en gestación.
>
> En esta acción hay que evitar una relación autoritaria, persecutoria, creadora de sentimientos de culpabilidad, pero sí ser convincentes, seguros y demostrativos de lo que se explica. Los que transmiten esta información deben ser coherentes y no fumar en su área de trabajo o a la vista delas gestantes
>
> *Nivel 2*
>
> Este segundo nivel de acción está dirigido a controlar el desarrollo y bienestar fetal, obviamente son los profesionales encargados del cuidado médico de la paciente los que deben hacerlo, pero el recomendarlo puede ser efectuado por los preventores sin importar la formación profesional que puedan o no tener.
>
> - Insistir en todos los puntos mencionados en el primer nivel
> - Control ecográfico seriado de las gestantes para detectar anormalidades del crecimiento fetal.

- Mantener una alimentación adecuada durante el embarazo.
- Monitorización fetal seriada desde la 34 semana de gestación o antes si se detecta crecimiento intrauterino fetal retardado.
- Consejos para detectar precozmente dinámica uterina en las etapas tempranas de la gestación (amenaza de aborto) para que sea más controlable si se presenta.
- Si se trata de grandes fumadoras, es conveniente aumentar la frecuencia de los controles médicos durante el embarazo.
- Se insistirá en la necesidad de disminuir el consumo o mejor aún lograr el abandono del mismo durante el embarazo.
- Si no lo hacen insistir en la necesidad absoluta de no fumar cuando comienza el trabajo de parto debido al aumento de la ya nombrada *carboxihemoglobina* y la disminución de oxigenación que ésta provoca.
- Se aconsejará e insistirá a la pareja que no fumen en los ambientes donde permanece el niño dado que la condición de fumador pasivo del recién nacido es perjudicial para su salud.
- Alertar a la madre que la nicotina se elimina también a través de la leche por lo tanto se debe insistir que elimine o disminuya apreciablemente el consumo si va a lactar al niño explicándole también las ventajas que implica este tipo de alimentación para el recién nacido.[26]

---

[26] Adaptado de "Drogadicción y Embarazo" Publicación realizada por el Comisionado para la Droga de la Consejería de Salud y Servicios Sociales de la Junta de Andalucía, 1989

5. ALCOHOL

> Los efectos del alcohol sobre el desarrollo fetal se conocen desde tiempos inmemoriales. Según el Antiguo Testamento, un ángel anunció a la madre de Sansón: - *"Concebirás y parirás un hijo; desde hoy no has de beber vino ni fuerte licor"*(Jueces, 13: 3-4).
>
> Esta misma inquietud se muestra en las primitivas leyes de los jcartagineses, las cuales recomendaban a los recién casados abstenerse de tomar bebidas alcohólicas, para prevenir la concepción durante la intoxicación alcohólica.
>
> En los últimos 300 años hay muchas observaciones y trabajos que igualmente apoyan la creencia que el alcoholismo materno puede dañar a la descendencia. Entre éstos cabe destacar la llamada *"Epidemia de Ginebra"* en Inglaterra (1720-1750) en la que suprimieron las restricciones en la destilación y la venta de esta bebida. El colegio de médicos realizó una petición al Parlamento por la aparición de "niños débiles, enfermizos, tremulosos y con apariencia de viejos" debido al consumo de alcohol por sus madres.
>
> En 1968 LEMOINE [27] y otros publicaron una serie de anomalías comunes en ciento veintisiete hijos de padres alcohólicos; entre éstas cabe destacar: bajo peso al nacer, crecimiento somático disminuido, microcefalia, retraso psicomotor permanente, etc.
>
> Sin embargo, no fue hasta 1973, cuando JONES y SMITH [28] [29] describieron una serie de malformaciones comunes en once niños descendientes de madres alcohólicas, denominando a esta nueva entidad clínica **"SÍNDROME ALCOHÓLICO FETAL" (SAF)**

---

[27] Lemoine, P. et al: "Les enfants de parents alcooliques: anomalies observées. A propos de 127 CAS" Quest, Med.21 pp. 476- 482, 1968
[28] Jones, K.L.; Smith, D.W. "Recognition of fetal alcohol syndrome in early infancy" Lancet 2, 1973
[29] Jones, K.L.; Smith, D.W. "Autcome in offspring of alcoholic women" Lancet I , 1974

6. EL ALCOHOL Y EL FETO[30]

J.F García Fernández
Departamento de Obstetricia y Ginecología.
Hospital Can Misses, Ibiza, España.

El alcohol es la droga de mayor consumo en los países industrializados. España es el cuarto país en consumo de alcohol por habitante del mundo. En la última década ha disminuido el consumo de alcohol en grandes dosis durante el embarazo (posiblemente como consecuencia de los mensajes preventivos[31]); sin embargo, el llamado consumo social ha aumentado, como reflejo del incremento experimentado en la población general[32].

Se estima que el 60% de las embarazadas son abstemias, un 1% consume más de 40g de alcohol absoluto al día, un 2% consume diariamente esta dosis, un 17% bebe moderadamente (entre 20 y 40g/día) y un 20% consume ocasionalmente dosis pequeñas (menos de 20g).[33]

La primera preocupación sobre consumo de alcohol durante el embarazo es el potencial efecto adverso que pueda producir en el desarrollo fetal. Se debe tener en cuenta que el consumo de alcohol durante el embarazo es la causa no genética más frecuente de retraso mental.[34]

El consumo de alcohol es un problema interdisciplinario, en el que intervienen factores biológicos, psicológicos y socioculturales; su tratamiento debe reconocer la potencial contribución de cada uno de

---

[30] Editorial publicada en la Revista Medicina Clínica, N* 20, pgs.774-775, Barcelona, 1994
[31] Comentario añadido por la autora de esta publicación de la Secretaría de Asistencia y Prevención de las Adicciones de la Pcia. de Buenos Aires
[32] Serdula M. y otros "Trends in alcohol consumption by pregnant women 1985- 1988", JAMA 1991
[33] Carrera J.M. "Madre Alcohólica" En: Protocolos de Obstetricia (2*Ed.) Barcelona, Salvat 1988
[34] Schorling, J.B. "The prevention of prental alcohol use: a critical analysis of intervention studies"J.Stud.Alcohol, 1993

estos factores. Los programas de tratamiento de gestantes con abuso de tóxicos han conseguido una reducción de la morbimortalidad perinatal.

Se ha documentado que una disminución en el consumo de alcohol, incluso en las semanas 24 a 26 de gestación, se asocia a una mejoría de los resultados perinatales.[35] El interrogatorio sobre el consumo de alcohol y otras sustancias tóxicas debe formar parte de la evaluación perinatal inicial. Se debe indagar sobre el consumo pasado y presente (tipo de bebida, cantidad, duración o frecuencia) de forma no acusadora, preferentemente mediante preguntas cerradas.

La información de la farmacocinética materno-placentaria fetal de las sustancias tóxicas en humanos es limitada por consideraciones técnicas y éticas.[36] Variables de confusión como el consumo social de varias sustancias tóxicas, la falta de fiabilidad y precisión de la información facilitada por las pacientes y las limitaciones en la realización de estudios experimentales prospectivos en humanos limitan la información disponible.

Es razonable suponer que sustancias que atraviesan con facilidad la barrera hematoencefálica (como el alcohol, los opiáceos, la cocaína, los sedantes y los hipnóticos) atraviesan la barrera placentaria ejerciendo su efecto sobre el feto. El bajo peso molecular y la liposubilidad de estas sustancias facilitan el paso trasplacentario.

El alcohol se absorbe con facilidad a partir del estómago. La absorción es rápida y completa. En el hígado el etanol se metaboliza en acetaldehído a una velocidad de 10 ml/h. Luego el acetaldehído se oxida transformándose en acetilcoenzima A, que a su vez se metaboliza en el ciclo del ácido cítrico.[37]

El paso del alcohol a través de la placenta se produce por simple difusión. A pesar de la rápida distribución del alcohol en el feto, las

---

[35] Kaye, ME y otros "Substance Abuse in pregnancy" En Knuppel RA. Drukker J.E. Editores. High risk pregnancy a team approach, Filadelfia, 1993
[36] Zajac, CS A. "Animal models of prenatal alcohol exposure" Int. J. Epidemiol. 1992
[37] Berkovitz, RL y otros "Manual de farmacología durante el embarazo" 2* Edición, Salvat, Barcelona 1988

concentraciones del mismo suelen ser menores que en la circulación materna. La eliminación fetal de sustancias tóxicas se realiza principalmente mediante biotransformación hepática y excreción renal, aunque se debe tener en cuenta la inmadurez de estas funciones en el feto.[38]

Los efectos embriotóxicos o *teratógenos* [39] del alcohol en el feto se pueden traducir en muerte, cambios dismórficos y/o cambios del comportamiento.

La gestante que abusa del alcohol y otras sustancias tóxicas requiere una mayor atención perinatal, ya que presenta frecuentes complicaciones médicas; como enfermedades infecciosas graves, malnutrición (en particular carencia de ácido fólico y tiamina) tensiones psicosociales y obstétricas como aborto espontáneo, parto pretérmino, desprendimiento de placenta, anomalías congénitas y retraso de crecimiento intrauterino. [40]

La meta debe ser el nacimiento de un recién nacido sano, a término, con el peso adecuado para la edad gestacional y libre de los efectos del alcohol. No son tan bien conocidos los efectos del consumo ocasional de alcohol durante el embarazo.

La mayoría de los problemas de recién nacidos de gestantes con abuso de alcohol deriva del crecimiento intrauterino retardado y/o de la prematuridad. Las complicaciones neonatales más frecuentes incluyen: síndrome del distrés respiratorio, hipoglucemia (bajo nivel de azúcar), hipocalcemia (bajo nivel de calcio), hiperbilirrubinemia (aumento exagerado de la bilirrubina) y hemorragia intraventricular.

---

[38] Mc Gregor, SN y otros "Substance abuse in pregnancy" En Lin Ch y otros Editores, Nueva York 1993

[39] **Teratogenia** (Comentario añadido por la autora de esta publicación de la Secretaría de Prevención y Asistencia de las Adicciones de la Pcia. de Bs.A.): Origen de una monstruosidad y su estudio. Proviene del prefijo de la voz griega *terato* que significa monstruo. La *teratología* estudia las deformidades congénitas, especialmente el desarrollo de monstruosidades. Tiene especial importancia en la embriología y está estrechamente relacionado con la *filogenia*.

[40] Wynn RM. "Drugs in pregnancy". En Obstetrics and Gynecology, the clinical core (5* Edición) Filadelfia: Lea& Feibiger, 1992

Los recién nacidos de madres con abuso del consumo de alcohol durante el embarazo pueden presentar un síndrome de abstinencia neonatal (SAN) en las primeras 72h de vida. La presentación clínica es variable, incluyendo signos neurológicos centrales, signos de disfunción gastrointestinal y anomalías respiratorias. Por lo general, la gravedad del SAN está en relación con la cantidad y cronicidad del consumo de alcohol. El SAN debe ser tratado sin demora con fenobarbital y medidas de soporte general. Su duración se puede prolongar por días o meses. La información de la evolución a largo plazo de estos niños es escasa y frecuentemente contradictoria.

En 1968 Lemoine reconoció un patrón de anomalías morfológicas fetales en relación con el consumo de alcohol en el embarazo. Posteriormente, Jones y Smith describieron en 1973 el Síndrome Alcohólico Fetal (SAF), consistente en la presencia de retraso del sistema nervioso central y dismorfia facial característica. El SAF puede pasar sin ser reconocido hasta que el retraso del crecimiento y desarrollo posnatal son más aparentes a la edad de uno a dos años. Se cree que se debe a un crecimiento celular disarmónico más pronunciado en unos tejidos que en otros y representa el extremo final de un espectro de problemas referidos al efecto del alcohol durante el embarazo.[41]

> **Con el consumo de más de cuatro bebidas alcohólicas al día el riesgo de SAF se sitúa entre un 40 y un 50% de probabilidades.** [42]

El SAF se asocia a malformaciones en el 10-30% de los casos, principalmente cardíacas y renales. Se estima que de entre los recién nacidos de mujeres alcohólicas un tercio desarrollará el SAF, un tercio padecerá estigmas derivados de la exposición a tóxicos (efectos fetales del alcohol) y un tercio serán normales.

El consumo de al menos dos bebidas al día se asocia a una disminución estadísticamente significativa del peso al nacer.[43] Los

---

[41] Jacobson JL y otros "Teratogenic effects of alcohol on infant development" Alcohol Clin. Exp. Res, 1993
[42] Caruso, K. y otros "Fetal alcohol syndrome and fetal alcohol effects- The University of Minessota experience" Minn, Med 1993

resultados de estudios retrospectivos y prospectivos, tal como ocurre en el estudio que incluimos más adelante realizado por varios médicos de instituciones médicas de Alicante y Valencia, indican que el consumo de menos de una bebida al día no parece afectar el peso al nacer; estos datos son de gran interés, dada la elevada prevalencia de este tipo de consumo.

A pesar de estos datos, sigue siendo controvertido el consejo sobre la mínima cantidad de alcohol capaz de producir daño en el feto, por lo tanto: **la abstinencia continua sigue siendo la mejor recomendación para la mujer embarazada.**

---

[43] Larroque, B. "Alcohol and the Fetus" Int. J Epidemiol 1992

7. ALCOHOL Y EMBARAZO SENTENCIA PARA INOCENTES

El alcohol es la principal causa identificable de teratogénesis por tóxicos; como el resto de teratógenos tiene los siguientes principios

a) el tiempo de actuación: la actuación durante la formación de los órganos se traduce en malformaciones anatómicas durante el período de crecimiento y/o falta de diferenciación de un órgano;

b) efecto dosis-respuesta: referido a la posibilidad de establecer una relación entre la magnitud del daño y las dosis de tóxico

c) umbral de efecto: referido a la dosis de exposición a partir de cual se produce el daño

d) variabilidad genética: que determina diferencias en la absorción materna fetal, el metabolismo y el transporte placentario.

No se conoce con exactitud el mecanismo teratógeno del alcohol. Se especula que el acetaldehído, un producto metabólico, es el causante del daño fetal. Altas concentraciones acetaldehído y ácido láctico han sido descritos en fetos expuestos al alcohol. El alcohol o sus metabolitos pueden producir un efecto tóxico celular directo o bien interferir la síntesis proteica, resultando un retraso en el crecimiento celular. Otros factores que pueden contribuir a los efectos adversos del alcohol son la interferencia en el metaabolismo hidrocarbonado, las deficiencias nutricionales, los contaminantes incluidos en las bebidas alcohólicas y la predisposición genética.

7.1. SÍNDROME ALCOHÓLICO FETAL (SAF)

Dado que el Síndrome Alcohólico Fetal o SAF es la anomalía más característica producida por la ingesta de alcohol durante el embarazo, con una incidencia del 1 al 2 por mil entre la población general y al que se le atribuyen desde el 12 al 20% de los retrasos mentales de la infancia, nuestra investigación se ha centrado en él abundando sobre las consecuencias devastadoras que produce en el recién nacido.

El SAF se caracteriza por cuatro grandes grupos de alteraciones:

- ➢ Dismorfia craneo facial
- ➢ Crecimiento fetal retrasado que persiste en la infancia
- ➢ Disfunción del SNC (Sistema Nervioso Central)
- ➢ Malformaciones diversas

Según ya hemos visto en páginas anteriores con el consumo de cuatro o más bebidas alcohólicas diarias el riego del SAF se sitúa casi en el 50%.

Dada la rigurosidad con la que queremos transmitir la información obtenida, es importante también hacer conocer la conclusión a la que llegan los estudiosos y es que: el consumo bajo o moderado de alcohol en el principio del embarazo no tiene un efecto detectable en el crecimiento fetal.

El peligro que entraña esta conclusión es que:

- ➢ ¿Cuál es el punto que se considera moderado y del cual no hay que pasar para evitar las desastrosas consecuencias que el alcohol produce en los niños en gestación?

- ➢ Estos son resultados de estudios realizados sobre los que aún se deberá ahondar más, sin embargo está comprobado desde hace más de veinte años que el consumo de alcohol produce daño al feto. ¿Alguien que se considere responsable quiere correrse el riesgo?

7.2. BEBER CON MODERACIÓN ¿AFECTA O NO AL NIÑO EN GESTACIÓN?

No existen dudas que el consumo elevado de bebidas alcohólicas durante el embarazo produce serios problemas para el normal desarrollo del feto. El diagnóstico de este síndrome queda establecido si se produce la conjunción de los signos descritos en la página anterior

El efecto *teratógeno* del alcohol ha sido ampliamente confirmado desde la primera descripción del Síndrome Alcohólico Fetal realizada en 1973. El riesgo de sufrir este síndrome está asociado a consumos elevados de alcohol (más o menos unos 60 gr. al día que es el equivalente entre cuatro y seis bebidas alcohólicas)

Aparece aproximadamente en el 30% de los hijos de madres que consumen alcohol de forma crónica, pero si se incluyen niños con características anormales próximas al SAF completo, del 50 al 70% de estos embarazos pueden tener un resultado anormal.[44]

Sin embargo aún hay controversias respecto al consumo bajo o moderado de alcohol durante el embarazo, descrito a menudo como "consumo social".

El peso al momento de nacer, como indicador del retardo de crecimiento intrauterino, ha sido la variable respuesta más frecuentemente utilizada en los estudios epidemiológicos sobre la posible asociación entre consumo de alcohol y lesión fetal[45]. Los resultados obtenidos en los diferentes estudios son, sin embargo, controvertibles y difíciles de comparar, dada la gran diversidad de diseños, de formas de medir la exposición y de tipos de análisis empleados.

La mayoría de estos estudios han tenido como objetivo valorar el impacto de diversos factores de riesgo, entre lo que se incluí el alcohol en el resultado del embarazo, lo que ha conllevado una medición no exhaustiva o detallada de esta exposición.

---

[44] Sokol, RJ y otros "Alcohol abuse during pregnancy, an epidemiologic study" Alcoholism 4, 1980
[45] Little, R. "Moderate alcohol use during pregnancy and decreased infant birthweight" Am J.Public Health, 1977

Pocos trabajos se han dirigido directamente a evaluar el consumo de alcohol en mujeres embarazadas y en algunos de ellos se seleccionaron las mujeres en función de sus niveles de consumo, para tratar de incrementar el número de grandes bebedoras [46]

Las asociaciones significativas entre el consumo de alcohol y una reducción del peso al nacer se han encontrado principalmente en los grandes estudios prospectivos para un nivel de consumo de al menos dos o tres bebidas diarias.[47] Para niveles más bajos de alcohol la evidencia fué menos consistente.

Un trabajo realizado en España [48] encuadrado dentro de un estudio europeo más amplio (EUROMAC) [49] tuvo como objetivo analizar específicamente la relación entre consumos moderados de alcohol en mujeres embarazadas y el peso en sus recién nacidos.

Tras ajustar por paridad, peso de la madre previo al embarazo, sexo del recién nacido, edad gestacional y consumo de tabaco, se observó una ligera reducción del peso de los recién nacidos en la categoría de consumo superior a los 90 gr. semanales (entre seis y ocho bebidas alcohólicas por semana) pero la diferencia no fué estadísticamente significativa.

Aunque la conclusión a que llegaron los investigadores es que los resultados del estudio realizado indican que un bajo nivel de consumo de alcohol en el inicio del embarazo (una bebida al día) no tiene un efecto detectable en el crecimiento fetal, aún les es difícil determinar con los

---

[46] ibid
Streissguth AP et al. "The Seattle Longitudinal prospective study on alcohol and pregnancy". Neurobehav. Toxicol. Teratol. 1981
[47] ibid
Kaminski M. et al: "Consommation d'alcool chez les femmes enceintes et issue de la gossese" Rev.Epidemiol. Santé Pub. 1976
[48] Bolumar F.et al "Efecto del consumo moderado de alcohol durante el embarazo sobre el peso del recién nacido" Departamento de Salud, Universidad de Alicante, Instituto Valenciano de Estudios de Salud Pública, Hospital La Fe. Valencia. Publicado en Med.Clin. Barcelona, 1994
[49] EUROMAC Project Group. Florey C., Taylor D., Bolumar F, Kaminski M, Olsen J, Editores. "Maternal Alcohol Consumption and ist relation to the outcome of pregnancy and child development at 18 months" Int. J.Epidemiol. 1992

datos disponibles, cual es el umbral a partir de cual aparecen los efectos nocivos en el desarrollo fetal. [50]

Ante semejante conclusión cabe la clásica aseveración que *"Ante la duda, lo mejor es abstenerse"*.

7.3. EFECTOS PATOLÓGICOS DEL ALCOHOL EN LAS PRIMERAS FASES DEL DESARROLLO HUMANO

Llamamos con el nombre genérico de *alcohol* a todas aquellas bebidas en cuya composición entra el *etanol* también llamado *alcohol etílico*, utilizado en la industria como disolvente y en medicina como antiséptico.

El alcohol se obtiene por fermentación alcohólica natural de los glúcidos y su porcentaje de presencia en las diferentes bebidas está determinado por la llamada *graduación alcohólica*. Para comprender algunos de los efectos patológicos del etanol en las primeras fases del desarrollo es importante conocer la variación de la capacidad de metabolizarlo a lo largo de la *ontogenia*.[51]

Para poder estudiar el metabolismo del etanol en la placenta humana, se ha estudiado previamente los primeros enzimas de la via de oxidación que éste y otros químicos siguen en el proceso.[52] La placenta podría significar una barrera metabólica que protegiese al feto en caso de intoxicación alcohólica de la madre, pero se ha comprobado, que demuestra una muy baja actividad cuando se trata de etanol. Tan baja es, que haciendo una comparación con la capacidad de metabolización que tiene el hígado, podríamos decir que es veinte mil veces menor que éste.

---

[50] ibid 39,40
[51] Ontogenia u ontogénesis: Formación y desarrollo del individuo considerado con independencia de la especie.
Diccionario Enciclopédico Hachette Castell Mentor, Ediciones Castell 1989
[52] Pares, X; et al "Alcoholismo Fetal" Mesa Redonda realizada por el Departamento de Bioquímica y Biología Molecular de la Facultad de Ciencias de la Universidad de Barcelona durante el Congreso Iberoamericano sobre Drogodependencias y Alcoholismo, Madrid 1989

Como tampoco la placenta es capaz de metabolizar los *acetaldehidos*[53] puede concluirse a través de estos resultados que este órgano fundamental para el ser humano en gestación no constituye una barrera protectora para los tóxicos alcohólicos, motivo por el cual estos deben ser metabolizados a través del hígado materno y el hígado fetal.

Analizando a partir de los quince días de gestación, la capacidad que puede tener el hígado fetal para realizar este trabajo, estudiado durante el desarrollo ontogénico de la rata utilizada como animal modelo, recién a los veinte días de la fertilización del óvulo se detecta una mímima actividad, que puede equipararse a un 5% de la que desarrolla un hígado adulto. A los 22 días, día del nacimiento de la rata, la actividad es ya del 12%, la cual aumenta rapidamente hasta alcanzar la actividad adulta a los cuarenta días desde su concepción.

De este estudio[54] puede inferirse que la capacidad de metabolizar el alcohol es mínima en los tejidos fetales, por lo que la eliminación del mismo durante el embarazo depende de manera casi exclusiva de los órganos maternos.

Finalmente se hizo un estudio del desarrollo de los agentes responsables de la oxidación del etanol, en ratas expuestas de manera crónica al mismo. La investigación se realizó con ratas alimentadas mediante dieta líquida con un 5% de etanol. Esta alimentación alcohólica comenzó a administrarse a ratas vírgenes jóvenes durante cuatro o cinco semanas. Luego fueron expuestas a los machos.

Durante todo el embarazo y posterior lactancia las ratas se mantuvieron bajo dieta alcohólica. A partir del día 25, después del nacimiento, las ratas hijas fueron separadas de sus madres y alimentadas con dieta sólida normal.

Las ratas expuestas al etanol durante el desarrollo presentaron una acusada disminución de la actividad metabolizadora, detectándose así una reducción del 60% de la actividad hepática. Estos efectos no fueron

---

[53] compuesto orgánico del alcohol etílico
[54] ibid

recuperados en estado adulto cuando el animal ya no estaba expuesto a dieta alcohólica.

Por todo lo antedicho, el estudio concluyó afirmando que la exposición al etanol durante las fases iniciales del desarrollo produce alteraciones irreversibles en la actividad gástrica y hepática. Estos efectos conllevan una disminución en la capacidad de oxidar etanol durante los estadios iniciales del desarrollo que ya no se recupera en el adulto.

Las ratas estarán por tanto expuestas a niveles más elevados de etanol lo que aumentará en ellas la toxicidad de la droga. Estos podrían ser efectos primarios en el conjunto de alteraciones y malformaciones provocadas por la exposición al etanol durante las primeras fases del desarrollo, conocidas en humanos como *síndrome alcohólico fetal.*

7.4. SÍNDROME ALCOHOLICO FETAL: FRECUENCIA DEL SINDROME ALCOHOLICO FETAL

A este síndrome algunos autores lo denominan *embriofetopatía alcohólica*, en base a que la calificación de síndrome debe restringirse a alteraciones en las que se conozca o sospeche etiológica genética [55]

La incidencia de aparición del SAF depende de muchos factores, entre ellos cabe destacar:

> Reconocimiento de este nuevo síndrome por los clínicos.

> Realización de historias clínicas detalladas de la madre (consumo de etanol antes y durante la gestación, consumo de cafeína, nicotina, etc.) Este punto es de gran importancia para que se pueda relacionar malformaciones en el niño y consumo de etanol por la madre, sin embargo, hay que considerar que en países, como son casi todos los del hemisferio occidental actualmente, en que el consumo de alcohol forma parte de la vida cotidiana, es muy difícil de determinar este factor.

---

[55] Majewsky, F. "Sintomatología Clínica de la Embriopatía Alcohólica" en Síndrome Alcohólico Fetal, Fundación Valgrande. Epgraf. Madrid 1987

➢ Mayor o menor consumo de etanol en el país o en regiones completas.

Todos estos factores hacen que la frecuencia de SAF varíe enormemente entre países e incluso entre regiones de un país determinado.

En la tabla siguiente, se muestra la frecuencia de aparición del SAF en algunos países. Como se puede observar en base a los pocos estudios que existen, la frecuencia del SAF parcial es muy superior en Europa a la del SAF completo. Al mismo tiempo se puede observar en la misma tabla, que en EE.UU. hay una gran variabilidad de la frecuencia de SAF dependiendo de la región estudiada, parte de esta variable es debida a las diferentes características de la población estudiada. Así, los trabajos realizados por Hanson y sus colaboradores[56] se llevaron a cabo en Seatle, sobre una población mayoritariamente blanca (aunque incluyeron madres indias, sujetas a un alto riesgo), mientras que en Boston, Ouellete y su equipo [57] lo realizaron sobre una población principalmente negra.

Actualmente, se sabe que hay grupos con altos riesgos tales como ciertas poblaciones de indios Americanos (Nuevo Mexico) y Canadienses, cuya frecuencia de SAF es muy elevada (1:170, 1:100) [58]. Aunque no sabemos con exactitud dichos factores de riesgo, sin embargo se cree que factores tales como: alteraciones genéticas de las enzimas del metabolismo del metanol, hábitos de bebida, cantidad de alcohol consumida, posiblemente tipo de bebida, etc., podrian estar implicados en la elevada frecuencia del SAF en dichas poblaciones.

Con relación a la frecuencia del SAF con otros síndromes malformativos, estadísticas recientes realizadas en EE.UU. y Canadá indican que el SAF es la causa principal de retraso mental (1'9/1.000),

---

[56] Hanson, Jw et al: "The effects of moderate alcohol consumption during pregnancy on fetal growth and morphogenesis" J Pediatric 92, 1987
[57] Oullete, E.M. et al: "Adverse effects on offspring of maternal alcohol abuse during pregnancy. N.Eng.J. Med 297, 1977
[58] AASE, J "FAS in American Indians. A high risk group" Neurobehav. Toxicol. 3, 1980

estando por encima del síndrome de Down (1'25/1.000) y de defectos de cierre del tubo neutral (1/1.000) [59]

FRECUENCIA DEL SÍNDROME ALCOHÓLICO FETAL (SAF) EN DIFERENTES PAÍSES			
PAIS	SAF PARCIAL	SAF COMPLETO	AUTOR IVESTIGACIÓN
FRANCIA	1/212	1/700	DEHAENE y col 1981
SUECIA	1/350	1/600	OLEGARD y col 1979
ESPAÑA		2/1.000	CAHUANA Y GAIRI 1985
EE.UU (Cleveland)		1/2.500	
EE.UU (Seattle)		1/750	SOKOL y col 1981
EE.UU (Boston)		1/350	HANSON y col 1978 OULLETTE y col 1977
NUEVO MÉJICO (Indios)		1/170	AASE 1981
CANADÁ (Indios)		1/100	AASE 1981

SÍNDROME ALCOHÓLICO FETAL. CARACTERÍSTICAS PRINCIPALES [60]

CARACTERÍSTICAS ALTERACIONES DEL SISTEMA NERVIOSO CENTRAL	MANIFESTACIONES
INTELECTUALES NEUROLÓGICAS COMPORTAMIENTO	Retraso mental moderado (media de 60) Microcefalia Escasa coordinación, hipotonía, irritabilidad en la infancia, problemas de aprendizaje
DEFICIENCIAS EN EL CRECIMIENTO: PRENATAL POSNATAL	Longitud y peso Longitud y peso (2/3 por debajo de la curva de crecimiento normal), tejido adiposo escaso
CARACTERÍSTICAS FACIALES: Ojos Nariz Maxila Boca Mandíbula	Fisuras palpebrales cortas, pliegues epicántico Chata y respingada, filtrum hipoplástico Hipoplástica Bermellón superior delgado, dientes pequeños. Retrognatia en la infancia, microfnatia o relativa prognatia en la adolescencia

---

[59] Abel, EL "Fetal Alcohol Syndromee is now leading cause of mental retardation" Lancet, Nov 22, 1986

[60] Guerri C. "Síndrome Alcohólico Fetal: Patogenia de las alteraciones cerebrales" Instituto de Investigaciones Citológicas de la Caja de Ahorros de Valencia. Rev. Esp. de Drogodependencias, 12. 1987

8. RELACIONES ENTRE EL CONSUMO DE ALCOHOL MATERNO Y EFECTOS SOBRE EL FETO

Aunque el síndrome alcohólico fetal se presenta entre el 30% y el 45% de los hijos nacidos de bebedoras crónicas, con un consumo diario importante, actualmente no se ha podido establecer un límite máximo de consumo que permita predecir un daño fetal definido, ni un límite mínimo que excluya la posibilidad de afectación fetal. Se ha tratado de relacionar pautas y dosis de consumo de alcohol por la madre y efectos sobre la descendencia, la gravedad de los efectos es gradual y está directamene relacionada con la ingesta de alcohol por parte de la madre. Si éste se realiza durante el primero y especialmente el segundo trimestre de la gestación se incrementa el riesgo de abortos espontáneos.[61]

Los niños que presentan SAF son los afectados de forma más grave, presentando normalmente mayor retraso en el crecimiento, mayor dismorfismo y mayor probabilidad de retraso mental. Estos niños son normalmente hijos de madres alcohólicas o madres que han consumido elevadas cantidades de alcohol, llegando a observarse un incremento del riesgo de mortalidad perinatal que se ha calculado del 17% [62]

Aunque la frecuencia e intensidad de las anomalías fetales parece depender de la cantidad de alcohol consumido por la madre, sin embargo la mayor o menor afección en el niño depende también de otros factores tales como: niveles de otros compuestos que derivan el metabolismo del etanol (tal como el acetaldehido), alteración genética de las enzimas que metabolizan el alcohol, estado de la enfermedad alcohólica de la madre, uso y abuso de otras drogas, estado nutritivo materno, etc. A todos estos factores se les ha denominado *factores de riesgo* los cuales pasaremos a describirlos con más detalle.

---

[61] Hanson, J.W et al: "The effects of moderate alcohol consumption during pregnancy on fetal growth and morphogenesis" J.Pediatr. 1987
[62] Streissguth, AP: "Prenetal effects of alcohol abuse in humans and laboratory animals". In: The Pathogenesis of Alcoholism, Plenum Press, vol 7, 1983

8.1. FACTORES DE RIESGO

Aunque en la actualidad, está ampliamente demostrado que el alcohol es un teratógeno, sin embargo cabe hacerse dos preguntas:

1º ¿Por qué sólo una proporción de la descendencia de madres alcohólicas tienen hijos con SAF?
2º ¿Por qué mujeres que ingieren alcohol sin demasiada frecuencia durante su embarazo engendran niños con malformaciones diversas?

Parece que el consumo de alcohol materno durante el embarazo es principal factor responsable del desarrollo de SAF, pero existen otros factores los cuales predisponen o favorecen la aparición de malformaciones en la descendencia. Algunos de ellos, que se consideran de <<altos riesgo>>, se enumeran a continuación:

a) Cantidad de alcohol

En base a los estudios realizados, parece que la cantidad de alcohol ingerida es uno de los factores de más alto riesgo. Aunque aún no ha sido fijada la dosis mínima de etanol, sí que podemos hablar de una relación dosis - efectos como se puede observar en el siguiente esquema [63]

Consumo de etanol
  (ml/día) 0------30------60------90------120

Riesgo de malformaciones fetales

  10%   20%   30-50%

Según datos publicados, la ingesta de 8 a 20 gr. de etanol/día hay autores que no observaron anomalías fetales importantes, mientras otros encuentran una mayor frecuencia de malformaciones que en el grupo control. [64]

---

[63] Cahuana A. y Gairi JM: "Incidencia de la embriofetopatía alcohólica y relación con el consumo de alcohol por la mujer gestante" En: Síndrome Alcohólico Fetal, Fundación Valgrande, Epgraf, Madrid, 1985
[64] Davis, P et al: "Alcohol consumption in oregnancy. How much is safe? Arch. Dis. Child. 57, 1982

La ingesta de 21 a 40 gr. de etanol/día pueden aparecer formas parciales de SAF o lo que se denomina efectos asociados al consumo materno de alcohol durante la gestación (FAE). Con esta dosis se han descrito abortos espontáneos, descenso del peso del recién nacido (60-160gr. menos), aumento de malformaciones, aunque otros autores encuentran alteraciones fetales importantes.[65]

La ingesta de más de 50gr. de etanol/día, se ha considerado un riesgo importante para el feto [66] con aparición de niños con SAF parcial o total.

b) Períodos críticos de exposición durante el embarazo

Aunque el crecimiento del feto es vulnerable a los efectos teratogénicos del etanol durante todo el desarrollo, su susceptibilidad es mayor durante el período comprendido entre la *gastrulación*[67] y la *organogénesis*[68] hasta la duodécima semana en humanos y la segunda semana en las ratas. Antes de este período los agentes teratógenos producen muerte preferentemente y malformación fetal.

Así, durante el período de fecundación e implantación (desde el momento de la concepción hasta el décimo séptimo día de gestación en humanos y el segundo en ratas, donde la actividad mitótica[69] es notable, el alcohol produce abortos o reabsorción del producto de la concepción.

En el período embrionario o período de organogénesis, se producen malformaciones funcionales o morfológicas; especialmente en los primeros sesenta días de este período que son los más susceptibles al etanol.

Posteriormente en el período fetal, se produce la diferenciación, crecimiento y desarrollo del feto. Durante este período, el feto es

---

[65] ibid 56
[66] Clarren, S.: "The fetal alcohol syndrome"N.Eng.Med. 298. 1978
[67] **gastrulación:** Proceso durante el cual se acondicionan las capas celulares fundamentales (ectoblasto y endoblasto) en el embrión animal. Diccionario Enciclopédico Hachette Castell, Mentor.
[68] **organogénesis:** Proceso durante el cual se forman los órganos de los diferentes sistemas en el embrión animal.
[69] **mitosis:** Conjunto de fenómenos de transformación y división de los cromosomas. **mitótico:** perteneciente o relativo a la mitosis

relativamente resistente a malformaciones anatómicas, pudiendo sufrir daño celular o alteraciones en la diferenciación de sus tejidos, lo que dará lugar en último término, a un retraso en el crecimiento y a diversas alteraciones funcionales.[70]

c) Susceptibilidad genética

El genotipo materno juega un importante papel en la aparición del SAF. Se sabe que existen diferencias individuales en la velocidad de eliminación del etanol. Cuanto mayor sea la capacidad metabólica de la madre de eliminar esta droga, menor será el tiempo de exposición del feto al alcohol, y por tanto menor el riesgo de aparición de malformaciones en la descendencia.

Hay que considerar también que además de las diferencias genéticas en la madre, hay también diferencias genéticas fetales. Se han observado importantes diferencias de susceptibilidad fetal al alcohol en gemelos, tanto univitelinos como bivitelinos[71].

d) Alteraciones en la nutrición.

El alcóhol además de ser una droga es un falso nutriente. Esto hace que los alcohólicos voluntariamente reduzcan su ingesta alimentaria por parcial satisfacción de sus requerimientos calóricos diarios, lo que conlleva a un estado de malnutrición primaria por inanición.

Además, los procesos de absorción (motilidad intestinal anormal, enteropatías) metabolismo (alteraciones hepáticas) y eliminación (emesis, diuresis, diarreas) de nutrientes en individuos alcohólicos crónicos, se encuentran profundamente alterados, produciendo malnutriciones secundarias.[72]

Junto a esta malnutrición materna, el consumo crónico de alcohol produce al mismo tiempo alteraciones en el transporte de nutrientes a

---

[70] Abel E.L. "Behavioral teratology of alcohol"Phycol.Bull 90, 1981
[71] Falcon, J et al: "Síndrome Alcohólico Fetal - Estudio de tres hermanas, dos de ellas gemelas"Rev.Esp. Pediat., 1980
[72] Mitchell, MC: "Alcohol and Nutrition" Ann.Rev.Nutr. 6, 1986

través de la barrera placentaria.[73] Por lo tanto, es posible que el feto no reciba los aportes necesarios para su normal desarrollo. Este estado de mal nutrición fetal es un factor de riesgo importante en la aparición del SAF/ FAE[74]

e) Uso de otras drogas:

El abuso en el consumo de tabaco, café y otras drogas (heroína, metadona, LSD, dolantina, barbitúricos, etc) frecuentemente van asociadas con la ingesta de alcohol. Aunque no se ha descrito ningún caso de SAF típico por la ingesta de estas drogas, cabe pensar que su administración junto al consumo crónico de etanol, potenciarán la acción teratogénica del alcohol. [75]

f) Estadio de la enfermedad alcohólica materna

El estado de salud materno, así como su edad, número de hijos, recursos económicos y cuidados ginecológicos durante el embarazo, etc. pueden de alguna forma potenciar la acción teratogénica del alcohol.

Este factor no fué considerado como factor de riesgo importante hasta hace quince años, sin embargo ahora se piensa que es uno de los principales factores asociados a la frecuencia de la aparición del SAF. La totalidad de niños afectados con SAF, son hijos de madres alcohólicas de al menos cinco o diez años de consumo de alcohol.

Un investigador alemán Majewski, clasifica la embriofetopatía alcohólica (EA o SAF) en tres grados de severidad según el dismorfismo y alteraciones del sistema nervioso central de los niños afectados. (EA 1-3) Al mismo tiempo se trata de relacionar estos tres grados de afectación en los niños con diferentes variables en las madres ta les como:

- años de consumo de alcohol
- cantidad de alcohol consumida durante el embarazo

---

[73] Fisher S.E. et al: "Ethanol associated selective fetal malnutrition: A contributing factor in the fetal Alcohol syndrome." Alcoh. Clin. Exp. Res., 1982
[74] ibid
[75] Guri C. "Síndrome alcohólico fetal - Patogenia de las alteraciones cerebrales" Rev.Esp. Drogod., 1987

- fase del alcoholismo materno

Este investigador llega a la conclusión que la fase de la enfermedad alcohólica de la madre, está directamente relacionada con el grado y la frecuencia de afectación en su descendencia o en la aparición y gravedad de la embriofetopatía alcohólica.[76]

> - "En animales experimentales nosotros también hemos demostrado que este factor de riesgo es uno de los más importantes en la frecuencia con las que aparecen las malformaciones fetales. De hecho, en ratas hembras alcohólicas de un año de consumo de alcohol, la descendencia más gravemente afectada (malformaciones fetales, reabsorciones, etc) les correspondió a aquellos animales cuyo daño hepático producido por el alcohol era más marcado."
>
> Sanchis, R; Guerri, C., Renau Piqueras, J.; Grisolía, S
> *Effect of prenatal and postnatal alcohol intake on braim development*
> Elsevier Sci. Publi., Amsterdam 1984

De todos estos estudios llegamos a la conclusión que los dos factores fundamentales en la mayor o menor frecuencia de aparición del SAF o FAE son:

- *Estadio de la enfermedad alcohólica de la madre*
- *Cantidad de alcohol ingerida durante la gestación*

8.2. INFLUENCIA DEL ALCOHOLISMO PATERNO [77]

Aunque desde principios de siglo se conoce que el alcohol pasa al esperma, [78] sin embargo se sabe aún poco de los efectos que puede tener el alcoholismo paterno sobre alteraciones en su descendencia. De lo que si ya hay evidencias, es que el consumo crónico de alcohol produce

---

[76] Majewski, F: "Die alkoholembryopathie: Fakten und hypothensen" Erg.Innewre Me. Kinderheilk 43, 1979

Majewski, F: "Sintomatología Clínica de la Embriopatía Alcohólica" En Síndrome Alcohólico Fetal - Fundación Valgrande, Epgraf. Madrid, 1985

[77] Guerri C. "Síndrome alcohólico fetal - Patogenia de las alteraciones cerebrales" Rev.Esp.Drog., 1987

[78] Stockard, CR.: "Study of futher generations of mammals from ancestors treated with alcohol" Proc. Soc. Exp. Biol., 1914

impotencia y esterilidad en el hombre, así como atrofia testicular caracterizada por la presencia de pequeños túbulos seminíferos que contienen un reducido número de células germinales, muchas de las cuales presentan un aspecto anómalo.[79]

Además los espermatozoides obtenidos de animales alcohólicos, muestran una morfología anormal, un desplazamiento anterógrado disminuido y una menor capacidad para fertilizar el óvulo.[80]

Ya hay evidencia de que el alcohol tiene actividad mutagénica sobre las células germinales.[81] Estas actividades son las siguientes:

➤ Las aberraciones de intercambio de cromátides son hasta seis veces más frecuentes en los alcohólicos que en los no alcohólicos.
➤ La frecuencia de aberraciones de tipo intercambio se correlaciona de forma positiva con la duración de la dependencia del alcohol.
➤ Los alcohólicos que han dejado de beber presentan menor número de aberraciones que los que siguen bebiendo.
➤ El tabaco potencia dicho tipo de aberraciones en alcohólicos

Se debe enfatizar que, a pesar de los conocimientos actuales sobre los efectos tóxicos que produce el alcohol en el hombre, todavía queda mucho por investigar sobre la posible repercusión que tiene en su descendencia.

---

[79] Anderson, R. et al: "Male reproductive tract sensitive to ethanol, a critical overview" Pharmacol, Biochem. Behav., 1983
[80] ibid
[81] Obe, G.: "Karzinogenese und mutagene wirkund alkohol" In: Klinische Genetik des Alholismus, 1984

9. CANNABIS MARIHUANA

9.1. CANNABIS Y EMBARAZO[82]

Entre las mujeres embarazadas consumidoras de marihuana está aumentando el número de recién nacidos de bajo peso, partos prematuros y mayor incidencia de meconio intraparto. Se debe estar alerta porque frecuentemente se están necesitando maniobras de reanimación en el recién nacido, agregando además un aumento de alteraciones en el comportamiento post parto de estos niños.

Se ha detectado también un aumento en la incidencia de muertes intraútero, abortos y síndrome alcohólico fetal, si la mujer gestante asocia el alcohol a su habitual consumo de marihuana.

Dado que las drogas derivadas del cannabis como es el caso de la marihuana no producen dependencia física, es conveniente aconsejar la supresión del consumo, pero esto conlleva psicoterapia de apoyo por la dependencia psicológica que la droga ha desarrollado, lo que no siempre es posible, por carencia de recursos profesionales o económicos.

Fundamentalmente debe aconsejarse no mezclar la marihuana con la ingesta de alcohol ya que ambas drogas potencian entre sí sus efectos adversos para el niño en formación.

Al momento del parto es importante realizar un minucioso control monitorizado si es posible, sobre todo en el caso de grandes consumidoras y en casos de retraso de crecimiento intrauterino.

Es importante también alertar a la madre que el tetrahidrocannabinol (THC) principal componente de la marihuana, pasa a la leche materna. En experimentos realizados con animales se ha demostrado que los recién nacidos criados por madres adictas a la marihuana crecen menos que los nacidos de madres no adictas.

---

[82] Junta de Andalucía, Consejería de Salud y Servicios Sociales, Comisionado para la Droga "Drogadicción y Embarazo" Cannabis. 2ª Ed. 1989

Como el cannabis produce una disminución de la prolactina a su vez disminuye sensiblemente la producción de leche materna y a veces provoca su ausencia. Lo antedicho hace pensar en la conveniencia de retirar la lactancia materna, valorando por supuesto cada caso individualmente.

9.2. LA MARIHUANA Y LOS ÓRGANOS REPRODUCTORES

Algunos estudios en hombres adultos indican que los fumadores crónicos de marihuana tienen un nivel menor de testosterona (hormona principal masculina) que los que no la usan y que la abstinencia en el uso de la misma hace que la condición regrese al estado normal.

Otros estudios indican que la cantidad de esperma en hombres jóvenes va disminuyendo a medida que el uso de marihuana aumenta. En base a estos hechos, los investigadores postulan que los hombres con infertilidad y una función endocrina deficiente deben evitar fumar marihuana. Además se ha encontrado que la marihuana puede afectar hormonas de crecimiento de las glándulas pituitarias. Todos estos hallazgos indican que esta droga puede causar daño particularmente en la adolescencia.

La información sobre los efectos de la marihuana en los órganos reproductivos de la mujer es aún escasa dado que los estudios en mujeres de edad reproductiva están prohibidos debido a los riesgos que existen.

Pero en una investigación efectuada sobre el uso de la marihuana y la función endocrina femenina, en la que se utilizó como muestra a veintiseis mujeres que habían fumado marihuana durante los últimos seis meses, mostró que tenían ciclos menstruales tres veces más frecuentes que un grupo que no la había usado.

El grupo consumidor mostraban un período de ovulación más corto, lo cual sugiere que el uso regular de esta droga reduce la fertilidad de la mujer. Estudios realizados con animales femeninos indican que el nivel reducido de estrógenos (hormona principal femenina) y de progesterona (otra hormona reproductiva) a causa del consumo de esta droga, son las responsables de que disminuya el período de ovulación.

Los estudios sobre mujeres embarazadas están limitados debido a los posibles riesgos a los fetos, sin embargo las investigaciones con monas en laboratorio muestran que éstas, tratadas previamente con THC (Tetrahidrocannabinol) principal componente químico de la marihuana, tienen cuatro veces mayor probabilidad de abortar los fetos que aquellas que no han recibido el tratamiento. Los monos nacidos de estas madres tenían mucho menor peso que lo acostumbrado.

Los científicos creen que los componentes químicos de esta droga, que al igual que las demás penetran a la placenta, pueden intoxicar al feto, por lo cual manifiestan que el uso de marihuana o de cualquier otra droga durante el embarazo es un riesgo absolutamente innecesario.[83]

USO DE MARIHUANA POR PARTE DE LA MUJER EMBARAZADA.		
EFECTOS Y CONSECUENCIAS EN LA MADRE, EN EL FETO Y EN EL RECIEN NACIDO		
EN LA MADRE	**EN EL FETO**	**EN EL RECIEN NACIDO**
Depresiones del SNC (Sistema Nervioso Central con necesidad de estimulantes) Intoxicación del sistema respiratorio y del sistema inmunológico Taquicardia o Hipotensión Trabajo de parto largo y complicado Hemorragias anormales Complicaciones producidas por derramamiento de meconio	Reducción del peso fetal Reduce tiempo de gestación Posibles anomalías congénitas	Posibles anormalidades neurológicas Sistema Nervioso Central inmaduro expresado por: • Anormal respuesta a la luz y a los estímulos visuales • Temblores • Llano agudo EFECTOS A LARGO PLAZO AÚN SON DESCONOCIDOS POR LA CIENCIA

---

[83] Administración de Servicios de Salud Mental y contra la Adicción, Programas de Prevención, Departamento de Salud, Folleto de Información "Síntesis sobre Estudio de la Marihuana y sus efectos", Estado Libre Asociado de Puerto Rico, 1994

10. COCAINA

10.1. EFECTOS PERINATALES PRODUCIDOS POR EL CONSUMO DE COCAÍNA EN MUJERES EMBARAZADAS

La cocaína consumida durante el embarazo está directamente relacionada con la frecuencia con que las mujeres gestantes que hacen uso de ella, sufren los siguientes problemas:

- Aumento de abortos
- Desprendimiento de placenta
- Hipertensión arterial
- Taquicardia
- Infarto de miocardio
- Enfermedades cardiovasculares
- Desnutrición materna
- Aumento de la actividad contractil del útero
- Amenaza de parto prematuro
- Vasoconstricción placentaria

Problemas que afectan al feto o al niño recién nacido:

- Hiperactividad fetal
- Malformaciones fetales
- Mayor mortalidad perinatal
- Alteraciones en el comportamiento neurológico de los neonatos
- Síndrome de muerte súbita del lactante

Un grave problema al que se enfrentan los profesionales que tratan una mujer embarazada adicta a la cocaína, es tratar de convencer a la paciente de cumplir los controles médicos necesarios para su beneficio y el de su bebé. Los efectos euforizantes y estimulantes que la cocaína provoca, puede hacerle pensar que el curso del embarazo irá normal y que todo terminará bien aún sin asistencia profesional.

En el momento del parto es conveniente tomar las siguientes medidas:

➢ Monitoreo materno-fetal en la medida de lo posible.
➢ Apoyo psicológico a la madre si fuera necesario.
➢ Conducción y asistencia al parto según las medidas normales habituales.
➢ Equipo de neonatología en la medida de lo posible.

Aunque la paciente haya abandonado la droga durante el embarazo, las medidas de asistencia al parto serán iguales de forma preventiva[84]

Se ha observado una mayor incidencia del Síndrome de Muerte Súbita en los hijos de embarazadas adictas en relación con la población normal. Concretamente en adictas a cocaína hay un 15% en comparación con el 0,5% en población normal. (Chasnof, 1987)

10.2. LA COCAÍNA AUMENTA EL RIESGO DE BAJO PESO AL NACER

En varios trabajos publicados se ha indicado que el consumo de cocaína puede aumentar el riesgo relativo de desprendimiento prematuro de la placenta, retraso del crecimiento intrauterino y parto pretérmino. Para conocer la relación entre el consumo de cocaína y el riesgo de bajo peso al nacer, en el condado de Alameda, California, se realizó un estudio de casos y testigos.

Se seleccionaron setecientas sesenta y seis madres de raza negra y cuatrocientas sesenta y dos de raza blanca, utilizando como fuente de información los certificados de nacimientos del condado y como criterios de selección el haber dado a luz a un niño no gemelo, sin anomalías congénitas, de padre de su misma raza (negra o blanca, no hispana), nacido en Alameda entre el 1 de enero de 1987 y el 31 de diciembre del

---

[84] Comisionado para la droga, Consejería de Salud y Servicios Sociales, Junta de Andalucía "Drogadicción y Embarazo" Cocaína. 2ª Edición, 1989

mismo año, residente en la misma zona y cuyo peso al nacer oscilara entre 500 grs.(medio kilo) y 2.499 grs. (dos kilos y medio)

A continuación, se entrevistó a las madres y se les formularon preguntas sobre el consumo de cocaína y "crack" y sobre diversos factores de confusión. El análisis se limitó a las madres de raza negra porque ninguna de raza blanca admitió haber consumido "crack" u otras formas de cocaína durante el embarazo. Se excluyó además a las madres que habían consumido heroína o metadona durante el embarazo y a las que aportaron información parcial.

El análisis de los resultados indicó que el consumo de cocaína o "crack" durante el embarazo aumenta cuatro o cinco veces el riesgo relativo de tener un niño de bajo peso al nacer, pretérmino o con signos de retraso del crecimiento intrauterino.

Los autores concluyeron que la cocaína es una causa complementaria del grave problema del bajo peso al nacer de la población negra del condado de Alameda y que el riesgo no aumenta en las mujeres que dejan de consumir la droga en el primer trimestre del embarazo.El éxito de las medidas encaminadas a disminuir la mortalidad perinatal e infantil por esta causa depende en gran medida de la identificación temprana de las embarazadas en riesgo y del alcance de las campañas de prevención comunitarias.[85]

10.3. REPERCUSIONES MÉDICAS DE LA COCAÍNA SOBRE LOS INDIVIDUOS Y SUS COMPLICACIONES[86]

La cocaína es una de las consideradas drogas <<duras>> tanto por su poder adictivo, como por la morbilidad y mortalidad que se derivan de su uso. El aumento de su consumo en la mayoría de los países de occidente se objetiva tanto por las cantidades decomisadas por la policia,

---

[85] Petitti, D.B; Coleman, C. "Cocaine and the risk of low birth weight". AJPH 80(1):25-28,1989. Publicado en español por el Boletín Oficina Sanitaria Panamericana, N* 3, 1990
[86] Gómez Trujillo, F. Ponencia en XVII Jornadas Nacionales de Socidrogalcohol. Diputación Provincial de Valencia, 1990

como por el número creciente de pacientes que acuden a los servicios asistenciales con problemas médicos derivados de su consumo.

La administración de cocaína por cualquier vía, eleva los niveles de dopamina en el cerebro y los de adrenalina y noradrenalina en sangre elevando el tono simpático, lo que produce:

- Aumento de la frecuencia cardíaca y por ello de la presión arterial.
- Hipertermia.
- Midriasis
- Hiperglucemia.

A nivel del sistema nervioso periférico produce anestesia por disminuir la permeabilidad del sodio lo que bloquea el inicio y transmisión del impulso nervioso. La cocaína una vez absorbida por cualquier vía es metabolizada por las colinesterasas del plasma e hígado que está disminuida en niños, fetos, embarazadas, ancianos con problemas hepáticos y a veces de forma congénita. Siendo eliminada por la orina en las 24-36 horas siguientes. La duración de los efectos oscila de 90 minutos snifada a sólo 20 fumadas (crack).

Las repercusiones del consumo de cocaína pueden agruparse en:

1. - Patología derivada de la vía de administración.
2. - Patología derivada de los adulterantes.
3. - Patología derivada a la cocaína en sí misma.
4. - Patología derivada del uso de cocaína durante el embarazo y lactancia.

I. PATOLOGÍA DERIVADA DE LA VIA DE ADMINISTRACIÓN

La cocaína puede consumirse de diversas formas y de cada una de ellas se pueden derivar diferentes lesiones para el adicto:

Oral: la costumbre de mascar hojas de coca mezcladas con polvo de cal en los países productores de esta droga, destruye casi totalmente la dentición produciendo severos problemas infecciosos no sentidos por el paciente, por la anestesia que la coca produce que le adormece las encías.

Inhalándola fumada: con o sin tabaco, con o sin heroína, es la forma de consumo que, desde la aparición del "crack" y por miedo al SIDA más se está popularizando. Se describen casos de hipertensión pulmonar, paros respiratorios y paros cardíacos motivados por este uso. La diferencia más relevante entre el crack y la cocaína "snifada" radica en que el efecto máximo del crack se alcanza apenas ocho segundos después de haberlo consumido en vez de los quince o veinte minutos que tardan en sentirse los efectos de la cocaína esnifada.

Inhalándola esnifada: en Occidente es la forma más popular de consumo, suele ser la responsable de anomalías como rinitis y perforaciones del tabique nasal.

Vía parenteral: intravenosa o intramuscular. Se mezcla también con heroína para meter por vena produciéndose frecuentes procesos infecciosos (hepatitis, endocarditis, transmisión de HIV etc). La cocaína "quema" las venas más rapidamente que la heroína facilitando las infecciones en partes blandas y el tétano.

Mucosas: aunque es raro este tipo de consumo hay quien se la aplica (conjuntival, gingival e intravaginal) produciéndose úlceras y diversas infecciones.

II. PATOLOGÍA DERIVADA DE LOS ADULTERANTES

La pureza de la cocaína que se vende, oscila entre un 15 y un 30 % de droga adulterada con lactosa y glucosa en el mejor de los casos y hasta con cal y talco. Para sacarle el máximo rendimiento aumentando la rentabilidad de la sustancia la mezclan con lo que sea siempre que en el aspecto permita engañar a los consumidores. La administración de cocaína disuelta con agua no estéril y adulterada con infinidad de productos se relaciona con problemas infecciosos y alérgicos.

III. PATOLOGÍA DEBIDO A LA MISMA DROGA

La cocaína una vez absorbida puede ocasionar diversas complicaciones de todo tipo: psiquiátricas. neurológicas, respiratorias, cardiovasculares, digestivas, etc.

IV. COMPLICACIONES DERIVADAS DEL CONSUMO DE COCAINA DURANTE EL EMBARAZO Y LACTANCIA

La cocaína atraviesa la placenta y es secretada por la leche materna.

Durante el embarazo se han descrito varios casos de abruptio placenta e inmediatamente tras el consumo de cocaína, que se atribuyen a la hipertensión arterial isquémica y a la vasoconstricción placentaria. Asimismo se han descrito un mayor número de abortos, malformaciones congénitas y mortalidad perinatal en hijos de cocainómanos. En este sentido se han descrito complicaciones agudas, como la hemorragia cerebral en recién nacidos de madre cocainómana y episodios de irritabilidad en lactantes de madres adictas. También se han descrito casos de convulsiones generalizadas en lactantes al ingerir cocaína que la madre se aplicaba en los pezones agrietados a modo de analgésico.

10.4 COCAÍNA Y EMBARAZO, UNA FÓRMULA PARA LA MUERTE

Artículo publicado por el diario La Nación, de Buenos Aires

Tragedia: el consumo de estimulantes durante el embarazo, aún en las etapas finales y aunque sea en forma esporádica puede producir desastrosos efectos en el feto.

La ingestión de cocaína durante el embarazo, en cualquiera de sus etapas, provoca retraso en el crecimiento fetal, significativos problemas en el sistema nervioso, además de malformaciones que pueden llegar a ser múltiples. Desde el punto de vista obstétrico la cocaína suele producir una acción estimulante de las contracciones, la que sumada a otros aspectos, como desprendimiento de placenta y rotura de membrana, induce a un parto prematuro y en malas condiciones.

En los Estados Unidos estudios realizados durante los últimos años determinaron un importante impacto en las mujeres consumidoras de cocaína.

Se estableció, en los hospitales de las grandes ciudades, que hasta un 20% de las mujeres había usado cocaína durante el embarazo, en tanto que en las zonas menos urbanizadas era del uno por ciento.

Respecto del diámetro biparietal (tamaño de la cabeza), edad gestacional y peso al nacer, resultó insignificante la diferencia entre quienes habían nacido de madres cocainómanas y los hijos de las mujeres que además de cocaína eran adictas a otras drogas.

En todos los casos se advirtieron importantes incrementos de malformaciones genitourinarias.

Estudios comparativos entre cocainomanas durante el embarazo y ex adictas no mostraron variaciones en la descendencia respecto del peso al nacer y la circunferencia craneana; sí aumentó el porcentaje en las primeras en cuanto a parto prematuro, placenta previa y meconio fetal (sufrimiento por parte del feto).

Males congénitos

Sobre cincuenta mujeres cocainómanas observadas durante la gestación se advirtió que nueve bebés nacieron con defectos congénitos, siete de ellos genitourinarios y dos de atresia ileal (falta del íleo: porción del intestino delgado).

Otros estudios determinaron malformaciones en el tracto urinario, defectos en el corazón (septimun ventricular), agenesia renal unilateral o ambos riñones de inferior tamaño a lo normal. (Fuente: Cataloghy of teratogenic agents. Thomas H. Shepard.)

La Fundación Genos fue consultada por la sección Salud acerca de esta problemática. Su director el doctor José María Sánchez, médico genetista, comentó: "Cuando nos encontramos frente a una sindromología -asociación de malformaciones- poco frecuentes recurrimos a programas de computación, concretamente uno de la Universidad de Oxford, el *Dysnorphology,* donde figuran todos los síndromes, incluso los últimos en conocerse o definirse.

El genetista, de acuerdo con los signos que considera más relevantes del caso, ingresa los datos por los que se llega al programa que va a posibilitar un diagnóstico. Un caso reciente que estudiamos mostraba una confluencia de signos que llamaron nuestra atención: microcefalia, malformaciones severas, anomalías en el encéfalo, que sugerían presencia de cocaína, lo que después fue confirmado por la madre".

El obstetra y ecografista doctor Federico Collia, de la misma fundación, explicó: "para nosotros es importante poder llegar a estos diagnósticos, ya que cuando un recién nacido o un feto, mediante ecografías, presenta defectos y éstos se detectan es posible evaluar el nivel de gravedad y sobre todo llegar a un diagnóstico preciso que ayude al manejo posterior de ese chico y de la familia. En estos casos hacemos lo que denominamos asesoramiento genético, es decir advertir sobre las probabilidades de que el caso se repita en un próximo embarazo."

"Respecto de los síndromes poliformativos genéticos es poco lo que se puede modificar, por eso cobra tanta importancia cuando se detectan agentes teratogénicos, es decir capaces de producir defectos fetales aunque el feto sea genéticamente normal. La tarea de hacer conocer estos defectos es para nosotros primordial. No puede dejar de saberse que en el caso de la cocaína, en determinadas dosis y períodos del embarazo pueden llegar a producir hasta la muerte fetal", explicó Collia.

Los especialistas también se refirieron a la diferencia entre la intoxicación aguda, ya sea de drogas o de fármacos, y la ingesta continuada o hábito.

"El hábito presenta dos facetas: por un lado el consumo de drogas nocivas en sí mismo y por otro las características que acompañan la adicción, desnutrición e infecciones agregadas que implican graves problemas y riesgos: retraso en el crecimiento fetal y un parto prematuro y con serias complicaciones".

En general se piensa que lo más importante del desarrollo del embrión se produce en el período de la morfogénesis (las 10 primeras semanas cuando se están formando los órganos), pero no se debe olvidar que, si bien el embrión ya está formado el aparato genital y el cerebro no. El desarrollo cerebral culmina a los dos años.

En el caso de la cocaína se pueden producir lesiones aun cuando la ingestión sea en la última etapa. Como la patogenia, es decir el mecanismo por el cual se desarrolla la patología, es de tipo vascular, puede haber rotura de vasos y hemorragias.

Esto implica que algunos órganos no reciban la irrigación adecuada, por lo que se produce disrupciones, es decir, la afectación de un órgano que ya estaba formado, a diferencia de la malformación, que es cuando un órgano se forma mal por motivos genéticos.

La cocaína, al producir una gran vasoconstricción, hace que se lesionen los órganos de todo el organismo, concluyeron los especialistas.

María Teresa Lerner

11. CRACK

El "crack" es un derivado químico intermedio en el proceso de producir cocaína en polvo y es tan poderoso por su pureza como el "Speed ball" (una mezcla de cocaína y heroína)

Su nombre proviene del ruido que hace cuando se mezcla con alcohol y se enciende para fumarse en unas pequeñas probetas de cristal que es el método de uso más común, aunque algunos lo usan machacándolo, con picadura de marihuana o tabaco de cigarrillo fumándoselo después.

Su efecto comienza a sentirse en tan sólo cuatro, seis u ocho segundos, su acción puede durar de cinco a siete minutos, aunque en otros de veinte minutos a media hora, Su adicción se alcanza en un período de seis a diez semanas.

La presentación del "crack" suele hacerse en frasquitos plásticos transparentes o en sobrecitos con ventanilla o envueltos en papel de aluminio. Su apariencia es de color "beige" a ligeramente marrón o de blanco a blanco amarillento y su tamaño puede ser en forma de tabletas o en pequeños pedazos que parecen cristales, conocidos como "rocks".

El "crack" puede contener hasta 90% de cocaína en su manera más pura, por lo tanto al fumarlo, su efecto se manifiesta en segundos, produciendo una sensación de placer intenso que puede durar varios minutos. Pasado este momento, se produce una "caída" en la que el consumidor se vuelve hiperactivo e irritable, puede tornarse agresivo y violento hasta con sus familiares y amigos, siempre con la necesidad urgente de consumir otra dosis.

Después que una persona cae en el círculo vicioso que significa la adicción, cuando se trata de "crack", después de la euforia inicial y la ansiedad por seguir consumiendo, entra en una profunda depresión que le impide conciliar el sueño, pierde el apetito, disminuye su energía física y en muchos casos la depresión los lleva a intentar suicidarse. Muchos lo consiguen.

Hay casos en que el usuario de "crack" se torna paranoico, con una sensación de que todo el mundo lo persigue para hacerle daño, incluso sus familiares más cercanos. Otros experimentan alucinaciones.

Los efectos físicos son devastadores, el sistema nervioso se afecta inmediatamente después de haber inhalado o aspirado los vapores cuando éste se calienta en una especie de pipa de cristal o cuando se fuma mezclado con otras sustancias, ya que toma sólo segundos llegar a los pulmones y al cerebro.

Las consecuencias son inmediatas:

- Aumento de la presión arterial.
- Aceleración de los latidos del corazón.
- Aumento en la temperatura del cuerpo.
- Se estrechan las arterias dificultando la circulación.
- Puede provocarse un ataque cardíaco.
- El sistema respiratorio comienza a fallar.
- Temblores y convulsiones
- Náuseas y vómitos

Como el uso del "crack" amortigua la sensación de dolor, muchos usuarios no se dan cuenta que necesitan atención médica.

Un usuario promedio puede consumir cinco o más dosis en una hora, por lo cual en pocos días necesitará mucho dinero para mantener su hábito. Esto le ocasiona inmediatamente problemas de tipo económico con consecuencias sociales muy graves.

Robar a su familia y a terceros, prostituirse con todos los riesgos que esto implica en cuanto a enfermedades de transmisión sexual, asaltar y hasta matar bajo los efectos del "crack" son algunos de los comportamientos provocados por esta potente droga.

Las mujeres embarazadas que lo usan pueden provocarse un aborto espontáneo o un parto prematuro, dependiendo en que momento de la gestación lo consuman puede provocarle al niño todas aquellas malformaciones que ya hemos visto en el consumo de "cocaína".

12. HEROÍNA Y OPIÁCEOS

EMBARAZADAS ADICTAS A OPIÁCEOS: EFECTOS SOBRE EL RECIÉN NACIDO Y DESARROLLO POSTERIOR DEL NIÑO [87] **(RESUMEN)**

Teresa Gutiérrez Rosado (*)
Rosa M. Raich y Escursell (**)

12.1. INTRODUCCION

Los riesgos del consumo de drogas durante el embarazo han sido desestimados con bastante frecuencia. Esto se ha podido deber a los siguientes factores:

- resistencia por parte de las prestaciones sanitarias de crear nuevos servicios
- dificultad para poder detectar a este tipo de pacientes
- dificultad de trabajar con ellas (Miller y Hyatt, 1992)
- falta de conocimientos sobre el tema.

Sin embargo, en las tres últimas décadas han proliferado las investigaciones en este campo. Por otra parte, a través de diversos estudios epidemiológicos se han podido detectar unos índices de prevalencia que justifican la creación de servicios sanitarios adecuados para estos grupos de mujeres.

Con un tratamiento específico durante todo el período de embarazo se pueden disminuir los riesgos de complicaciones médicas, obstétricas y psicológicas tanto en la madre como en el hijo.

La dependencia a opiáceos durante el embarazo ha sido estudiada por diversos autores (Sharon, Gerada y Strong, 1992; Finnega, 1991; Huntington, Hans y Sanford, 1990; Fried y Watkinson, 1990; Zeskind y Lester, 1985; Jeruchimowicz y Hans, 1985; Davidson y cols. 1986; Blinick,

---

[87] Revista Clínica y Salud, vol. 4. n* 1, 1993

Tovolga y Antopol, 1971). Hoy sabemos que en la embarazada adicta a la heroína no es aconsejable la desintoxicación, ya que la abstinencia materna puede producir sufrimiento fetal y ser por tanto más peligroso para el feto que la dependencia pasiva (finnegan, 1991).

El mantenimiento con metadona junto con cuidados prenatales adecuados pueden reducir la incidencia de complicaciones obstétricas y fetales, el retardo de crecimiento en el útero y la morbilidad neonatal (Miller y Hyatt, 1992; Finnegar, 1991; Straus y cols. 1974). Por todas estas razones se recomienda que la embarazada adicta a opiáceos sea mantenida con metadona como veremos más detenidamente en un apartado posterior.

Dicker y Leighton (1991) compararon los resultados hallados en tres importantes estudios epidemiológicos llevados a cabo en Estados Unidos. Los autores discuten las causas de los diferentes resultados aparecidos, pero en general se observa una clara tendencia al incremento de recién nacidos afectados por drogas entre los años 1979-1987.

En España a través de los datos del Sistema Estatal de Información sobre Toxicomanías, se observa un ligero incremento entre los años 1989 y 1990 de mujeres adictas en edad de gestación, pasando de un 86,6% a un 88,6% respectivamente (S.E.I.T., 1989; S.E.I.T., 1990).

Por otra parte, algunos autores a través de su experiencia han visto la necesidad de crear servicios de enlace entre la mujer adicta embarazada y los servicios hospitalarios. Las respuestas recientes a los problemas de las drogas en embarazadas en el Reino Unido han incluido la creación de este tipo de servicios de enlace. Estos servicios tienen como misión atraer a las mujeres que no se presentaban en la mayoría de los casos por miedo a revelar su adicción. Desde estos centros se les ofrece información sobre cómo usar las drogas de modo más seguro y se les ofrece la posibilidad de un tratamiento para su dependencia. Los autores observaron cómo en un año había aumentado el número de pacientes tratado desde estos servicios en comparación con los casos detectados a nivel hospitalario (Sharon, Gerada y Strong, 1992).

A continuación pasaremos a reflejar las principales complicaciones médicas, obstétricas y neonatales del abuso de sustancias opiáceas. Hablaremos de los programas de mantenimiento con metadona como principal método de tratamiento farmacológico en estos casos y discutiremos los posibles efectos en el desarrollo neuroconductual y psicosocial en el niño a más plazo.

12.2. EXPOSICION IN-ÚTERO A OPIÁCEOS: COMPLICACIONES MÉDICAS, OBSTÉTRICAS Y NEURONDUCTUALES EN EL FETO Y NEONATO

Los opiáceos ejercen su acción principal sobre el Sistema Nervioso Central y los intestinos, actuando en sentido inhibitorio fundamentalmente. La heroína, en particular, es el opiáceo de mayor liposolubilidad y atraviesa fácilmente las membranas biológicas (Guardia, 1988). Las drogas opiáceas atraviesan, por tanto, la barrera placentaria y en consecuencia, los descendientes de adictas a opiáceos son adictos al nacer (Blinick, Tovolga y Antopol, 1971).

El diagnóstico de adicción se realizará a partir del historial médico y de consumo de sustancias, junto con un examen físico. Los síntomas presentados por estas mujeres son similares a los de otras adictas no embarazadas. La presencia de constricción pupilar, signos dermatológicos de inyección intravenosa y la localización de edemas sobre superficies venosas son los principales aspectos a tener en cuenta. Por otra parte, puede observarse un incremento en la actividad fetal cuando los niveles de opiáceos son inestables.

El método más efectivo para establecer el diagnóstico es la utilización de análisis de orina junto con la observación de signos tempranos y síntomas de abstinencia. La utilización de antagonistas narcóticos está contraindicada para diagnosticar la dependencia en embarazadas por los efectos adversos que puede sufrir el feto (Finnegan, 1991).

En general todas las embarazadas adictas presentan más *complicaciones médicas* de lo normal debido a las drogas. Especialmente cuando ha predominado la vía parenteral como vía de administración. La detección y el control de estas alteraciones son importante tanto para la madre como para el feto.

El conjunto de complicaciones más frecuentes se detallan en el cuadro siguiente:

Complicaciones médicas encontradas en embarazadas adictas a heroína

- Anemia
- Bacteremia
- Enfermedades cardíacas (especialmente endocarditis)
- Celulitis
- Pobre higiene mental
- Edema
- Hepatitis (aguda y crónica)
- Flebitis
- Neumonía
- Septicemia

Enfermedades de transmisión sexual:
- AIDS
- Gonorrea
- Herpes
- Sífilis
- Tétano
- Tuberculosis
- Infecciones del tracto urinario;
- Cistitis
- Uretritis
- Pielonifritis (Finnegan, 1991)

Como podemos apreciar, destacan por su mayor frecuencia las infecciones y las enfermedades venéreas.

Enfermedades tales como la diabetes, hepatitis e hipertensión pueden tener una repercusión dramática en los resultados del embarazo por aumento de la morbilidad (Miller y Hyatt, 1992).

En la actualidad también es de gran importancia la transmisión del virus VIH. Del total de madres afectadas, un 50 al 75% de los recién nacidos nacen con él.

Las *complicaciones obstétricas* asociadas al consumo de heroína vienen derivadas generalmente de la falta de cuidados prenatales. Frecuentemente se observa un bajo peso al nacer asociado a problemas de prematuridad y síntomas del Síndrome de Abstinencia en el recién nacido (ver tabla II). Varios estudios han encontrado una mayor incidencia de complicaciones obstétricas específicas en embarazadas adictas, comparadas con la incidencia media en la población normal (Miller y Hyatt, 1992).

El incremento de pérdidas y morbilidad fetal ha sido marcado en embarazadas adictas (Kendall y cols., 1977). Otros trabajos encontraron un incremento dramático en la ruptura de membrana al comparar adictas a heroína con embarazadas no adictas (39.9% para adictas a heroína versus 21.1% para el grupo control); Igualmente para la toxemia (12,7% vs. 4,5%); ruptura placentaria (4,2% vs. 0,9%) y muerte fetal (7,1% vs. 1,4%) (Pelosi y cols., 1975).

Complicaciones obstétricas en embarazadas drogodependientes

- Aborto espontáneo
- Muerte intrauterina
- Placenta previa
- Amnionitis
- Chorioamnionitis
- Tromboflebitis séptica
- Insuficiencia placentaria
- Retardo del crecimiento intrauterino
- Ruptura prematura de membrana
- Parto previo
- Hemorragia post-parto
- Preeclampsia

(Finnegan, 1991)

Los *efectos neonatales* del abuso de sustancias durante el embarazo se han puesto de manifiesto en tres áreas: anomalías congénitas, complicaciones médicas en el neonato y el niño y cambios neuroconductuales (Miller y Hyatt, 1992).

En el listado que a continuación transcribimos, publicado por el National Institute of Drug Abuse (1979), pueden verse algunas de las complicaciones médicas en el neonato y el recién nacido, aunque en este caso no se hace referencia exclusiva a los opiáceos.

Complicaciones médicas neonatales por abuso de sustancias
• Síndrome de muerte súbita del recién nacido   • Síndrome de aflicción respiratorio   • Síndrome de inmunodeficiencia   • Síndrome de abstinencia neonatal   • Hipocalcémia   • Hemorragia Intracraneal   • Aspiración meconium   • Neumonía   • Septicemia   • Hipoglucemia   • Hiperbilirubina

El Síndrome de Abstinencia Neonatal secundario al Síndrome de Narcóticos, está caracterizado por síntomas tales como: irritabilidad, temblores, hipertoxicidad, pobre alimentación, taquipnea, vómitos, convulsiones y gritos muy agudos. Estos síntomas se presentan en el neonato durante las 24-48 horas posteriores al nacimiento (Finnegan, 1974). Algunos autores han observado estos síntomas incluso durante las 2-4 semanas después del nacimiento, probablemente debido a la acumulación fetal (Kendall, 1974). No todos los hijos de adictas necesitan ser tratados por el citado síndrome, ya que esto depende de las cantidades ingeridas por la madre durante el embarazo y muy especialmente durante el último trimestre.

La incidencia del Síndrome de Muerte Súbita del recién nacido parece relacionarse igualmente con el consumo de sustancias durante el embarazo (Word, 1986).

Davidson y col. (1986) a partir del estudio de los neumogramas de veintiocho hijos de madres adictas (en su mayoría heroinómanas), encontraron que los recién nacidos de madres adictas a drogas opiáceas tienen una respuesta ventilatoria menor al dióxido de carbono durante el sueño, lo cual incrementa de 5 a 10 veces el riesgo del Síndrome de Muerte Súbita.

En otros trabajos se ha observado una mayor incidencia del citado Síndrome en los hijos de embarazadas adictas en relación con la población normal. Concretamente en adictas a heroína 4-5% en comparación con el 0,5% en población normal (Chasnoff, 1987).

Los efectos neuroconductores en recién nacidos expuestos a sustancias durante el embarazo son más difíciles de evaluar. Algunos investigadores han utilizado la Escala de Evaluación Conductual del neonato de Brazelton con objeto de determinar dichos efectos (Jeruchimowicz y Hans, 1985; Deren, 1986).

En general han observado que decrece la habilidad del recién nacido para interactuar con el medio, un incremento del déficit de reflejos motores, irritabilidad e inconsolabilidad. Con estos déficits no es de extrañar las dificultades que encuentran las nuevas madres para establecer los patrones de afecto con el niño (Miller y Hyatt, 1992).

Blinick, Tovolga y Antopol (1961), estudiaron mediante un espectrógrafo el sonido del llanto al nacer en 369 neonatos, de los cuales 31 eran hijos de madres adictas. Encontraron un incremento estadísticamente significativo en las voces del espectrograma de bebés de madres adictas, siendo sus llantos al nacer más agudos. Estos hallazgos son importantes, ya que algunos autores consideran que el llanto del neonato es un apartado significativo en la evaluación clínica del niño, pues puede ser una vía para detectar posibles patologías endocrinas y neurológicas. Aunque los mismos autores destacan la necesidad de más estudios en este campo.

12.3. HEROINA Y EMBARAZO

Robador Azcárate A.*; Fernández Bilbao J.*; Mrtínez Ortiz de Zárate** Uribarren***

Dada la problemática de la toxicomanía tipo de heroína en nuestro medio, y sabiendo que cada vez afecta más a mujeres en edad fértil, nos hemos planteado un estudio prospectivo de pacientes heroinómanos en período de gestación a realizar aproximadamente en dos años de seguimiento.

Para ello, hemos realizado un protocolo asistencial como medida para vehiculizarlo a nivel institucional y poder evaluar la morbilidad y mortalidad tantoen la madre como en el niño.

El protocolo consiste en:

1. Contacto
2. Primera consulta
3. Seguimiento
4. Desintoxicación y/o seguimiento
5. Preparación al parto
6. Cuidados y seguimiento al recién nacido
7. Contracepción

---

* Centro Coordinador de Drogodependencias (DAK) / Departamento de Sanidad y Seguridad Social del Gobierno Vasco. Bilbao.

** Servicio de Medicina Interna. Residencia Enrique Sotomayor de Cruces (Baracaldo).

*** Servicio de Obst. y Ginecología. Residencia Enrique Sotomayor de Cruces Baracaldo).

12.3.1. CONTACTO

Las pacientes pueden entrar en el protocolo de forma: a) sin control terapéutico previo, es decir, sin terapeuta asignado. En este momento se le asignará uno, para su seguimiento y control; b) con terapeuta asignado, es decir, un compañero de cualquier centro que nos derive la paciente.

De cualquier forma, se le pondrá en contacto con el ginecólogo por medio de la consulta de embarazo patológico de servicio de Obstetricia y Ginecología de la Residencia de la S.S. Enrique Sotomayor de Cruces.

Existirá una vía de contacto permanente entre los diversos profesionales para evaluar la situación orgánica y sicológica de la paciente.

12.3.2. PRIMERA CONSULTA

A toda paciente se le realizará:

a) historia sicosocial precia: valorando la situación familiar, personal y de pareja, social, grado de toxicomanía y estado anímico.

b) historia clínica completa; con mención especial de: AF. Antecedentes de alcoholismo y/o toxicomanías en la familia, Antecedentes siquiátricos en la familia.

AP. Consumo de tóxicos, incluidos alcohol y tabaco, tiempo contacto y vía de acceso del tóxico. Enfermedades relacionadas con la toximanía heroína (hepatitis, ETS, endocarditis, s. febriles, tromboflebitis...). Engresos anteriores en hospital y causas. Menarquía tiempo mentrual, amenorreas, disfunciones, toma de anticonceptivos, embarazos, abortos. Otras patologías.

Motivo de consulta. Embarazo en heroinómana. Fur. Consumo de tóxicos en el embarazo con dosis, síndromes de abstinencia, desintoxicaciones previas,...

Exploración. Con mención expresa de: peso, talla, T.A., perímetro abdominal, temperatura, estado de aseo, nutrición. Cabeza y cuello (fondo del ojo, estado de la boca, adenopatías, estigmas hepáticos); tórax (auscultación cardiopulmonar, mamas, adenopatías axilares), abdomen (hepatoesplenomegalia, adenopatías inguinales, signos de hipertensión portal, valoración obstétrica), extremidades (presencia o ausencia de tromboflebitis, señales de venopunción, además y/o varices, exploración de sacroilíacas, pulsos periféricos, signos periféricos).

Anamnesis. Con mención expresa de: SN (sicopatología de base, estado anímico actual), respiratorio (infecciones de repetición crisis de disnea paroxística, y/o dorlor de costado antecedentes de Tbc), cardiovascular (dorlor precordial, palpitaciones, alteraciones circulación periférica), digestivo (régimen dietético, hábito intestinal, náuceas vómitos, icterias, acolías).

12.3.3. DESINTOXICACION

El problema de la desintoxicación en futuras madres heroinómanas viene dado por la gran sensibilidad del feto a los cambios de la heroína y porque muchas veces la paciente estaba en amenorrea antes del embarazo siendo difícil evualuar a priori la fecha de su embarazo.

A pesar de todo conviene saber que lo de menos es un método o tratamiento farmacológico que utilicemos, si sabemos que nunca hay que hacerlo a ritmo rápido. Según los últimos estudios en el tema, la metadona es un fármaco a elegir.

Nunca hay que desintoxicar en el primer trimestre porque existe riesgo de abortar, ni después de 28 semanas de gestación por el parto prematuro, previsible en este tipo de paciente.

Por eso los autores se inclinan a hacer un tratamiento de mantenimiento con metadona, no superando nunca los 30mg. día y a ser posible ir reduciendo a 5 mg. a la semana.

En los casos en los que no se pueda, o por cualquier circunstancia en la que sea necesaria una terapéutica de mantenimiento, lo correcto sería ir descendiendo 1mg/semana para poder dejar a la madre al final del embarazo con dosis mínimas para que la criatura sufra menos el síndrome de abstinencia neonatal.

Es fundamental en este período un control familiar y terapéutico estricto para evitar situaciones desagradables e ir valorando a la futura madre como al feto.

12.3.4. PREPARACION AL PARTO

A la paciente se le considerará como normal dentro de las circunstancias de embarazo de alto riesgo y, si no existe otra patología coadyuvante, en cuanto a una preparación preparto como el resto de embarazadas. Esto significa que si no existe contraindicación podrá asistir a un programa de fisiopreparación y gimnasia preparto. A la paciente se le informará, así como a su pareja, de todas las cuestiones derivadas del embarazo, hábitos dietéticos, e higiénicos. En cuanto al momento del parto se ha visto la necesidad del neonatólogo por riesgos que enumeraremos en el siguiente apartado, sabiendo que existen unas complicaciones como partos prematuros, riesgos más elevados de infecciones, menor peso de la criatura al nacer y síndrome de abstinencia.

12.3.5. RECIEN NACIDO

Lo más importante es evaluar el síndrome de abstinencia en el recién nacido, haciendo notar la clara diferencia entre una heroinómana sin tratamiento durante la gestación y en otra paciente que halla estado protocolizada en un programa de mantenimiento con metadona.

El síndrome de abstinencia en el hijo de heroinómana sin tratamiento comenzará a las 24 horas aproximadamente después del nacimiento y su gravedad dependerá de la dosis diaria a la cual estaba acostumbrada la madre, así como del deterioro que padezca.

Respecto a la paciente en mantenimiento con metadona, el síndrome de abstinencia aparecerá más tarde, hacia 48 horas después del parto y, lógicamente, al saber la dosis y tener a la paciente controlada será de evolución y pronóstico más favorable.

Con respecto al síndrome de abstinencia en el recién nacido es importante el valorar:

A) SIGNOS MAYORES:

- Hiperactividad
- Temblores burdos
- Irritabilidad
- Trastornos del sueño
- Lesiones cutáneas por roces continuos
- Llanto al menor estorbo
- Succión frenética
- Regurgitaciones
- Ganacia deficiente de peso

B) SIGNOS MENORES:

- Estornudos
- Bostezos
- Hiperhidrosis
- Hiperproducción de moco
- Heces blandas
- Hipertermia
- Convulsiones, de las cuales en un 2-7% se dan por heroína frecuente al 2-20% por metadona.

C) MORTALIDAD NEONATAL importante por:

- Grave alteración hidroelectrica
- Convulsiones
- Complicaciones respiratorias por aspiración

D) TRATAMIENTO:

- Al recién nacido, se le situará en una habitación tranquila con, poca luz, para que de esta forma disminuya la hiperactividad

- Será importante protegerle la piel para evitar las lesiones curtáneas así como tratar la deshidratación sobre todo se el síndrome de abstinencia cursa con vómitos y diarreas.

Con respecto a posibles tratamientos farmacológicos se han probado:

- *Ansiolíticos y sedantes.* Cursan son desintoxicación rápida, pero puede ocurrir una depresión respiratoria.

- *Neurolépticos (clorpromacina).* Son tratamientos largos y pueden producir eacciones extrapiramiedales.

-*De elección:*

a) Fenobarbital: es el que se emplea en la actualidad.

b) Tintura de opio: tiene el inconveniente de que es un tratamiento largo y produce constipación.

E) SEGUIMIENTO AL RECIEN NACIDO valorando:

-Malformaciones

-Complicaciones tardías del síndrome de abstinencia

-Seguimiento sicológico y de apoyo a la madre, para potenciar la relación madre-hijo para intentar fortalecer su no dependencia a la heroína.

- Control del recién nacido a largo plazo tanto en su desarrollo sicomotriz como físico.

F) DEPENDIENDO DE LA ORGANICIDAD de la madre sería interesante:

- Lactancia a valorar individualmente y recordar siempre el importante factor sicológico que puede desempeñar.

-Incluir la gammaglobulina hiperinmune más vacuna de hepatitis B (1.ª dosis) si fuera necesario.

12.3.6. CONTRACEPCION

Ofrecerla siempre sistemáticamente junto con una información correcta de los diversos métodos, tanto a la paciente como a su pareja.

Durante la lactancia manejar métodos mecánicos (preservativo, diafragma, óvulos vaginales...)

A largo plazo, valorar pareja estable o estable o inestable y como método de elección en uno u otro caso nos inclinamos hacia el DIU o la Depoprogevera por las ventajas que pueden ofrecer.

12.4. PROGRAMAS DE MANTENIMIENTO CON METADONA (MM): DISMINUCION DE LOS RIESGOS DURANTE EL EMBARAZO

La metadona es una sustancia sintética con propiedades parecidas a los opiáceos naturales. Fue descubierta por un químico alemán durante la II Guerra Mundial.

Introducida como analgésico, se utilizará posteriormente en el tratamiento de la adicción de heroína, tanto con patrones decrecientes en la cura de desintoxicación, como con dosis diarias sostenidas en los programas de mantenimiento con metadona.

> La utilidad de la metadona en el tratamiento de la adicción a opiáceos se basa en que:
>
> ➢ es un analgésico
> ➢ posee tolerancia cruzada con la heroína
> ➢ suprime el Síndrome de Abstinencia de la heroína
> ➢ el tiempo de vida en sangre es superior al de la heroína y morfina, con una sola administración diaria es suficiente (duración de una dosis de 24-36 horas)
> ➢ es más eficaz por vía oral, y
> ➢ desaparecen los picos plasmáticos, asegurándose niveles plasmáticos estables
>
> (Casas, 1991).

La metadona desarrolla igualmente tolerancia de forma más lenta por lo que a largo plazo produce también dependencia física.

El embarazo constituye uno de los criterios de inclusión de un programa de M.M.; ya que la metadona reduce el riesgo médico asociado con el consumo de heroína debido a:

➢ mejora la salud de la madre y los cuidados prenatales

➢ el uso regulado y la pureza de la droga disminuye el peligro asociado a los propios efectos farmacológicos de la metadona (Connaughton y cols., 1975)

➢ se elimina la exposición al HIV

Una vez que la necesidad de buscar la droga desaparece, las pacientes están más disponibles para los cuidados prenatales y la rehabilitación psicológica (Finnegan, 1991).

Es evidente que la metadona atraviesa la barrera placentaria y por tanto ejerce sus efectos sobre el feto, sin embargo, estos se consideran un mal menor ya que la desintoxicación de la mujer adicta a opiáceos es claramente desaconsejada en la práctica clínica.

Uno de los argumentos principales es que las mujeres embarazadas, recientemente desintoxicadas, muestran el mismo grado de reincidencia que las adictas no embarazadas. La vuelta al consumo de heroína y la consecuente exposición del feto aumenta el riesgo al variar los niveles de opiáceos, alternando la depresión fetal con la abstinencia. Las contracciones uterinas durante el Síndrome de Abstinencia pueden causar hipoxia fetal intermitente (Finnegan, 1991).

Uno de los temas a los que se ha prestado especial importancia ha sido el establecimiento de la dosis óptima para reducir los riesgos en la madre y el feto. Algunos investigadores abogan por la reducción de las dosis de mantenimiento. Strauss y cols. (1974), intentaron comprobar si la disminución del riesgo era similar tanto en programas que empleaban dosis altas (80-150 mgs/día de metadona), como los que empleaba dosis bajas (menor o igual a 60mgs/día). Para ello compararon dos grupos, con nivel socioeconómico y médico similar, de 72 adictos M.M. y 72 mujeres de grupo control no adictas.

Los resultados derivados de este estudio fueron los siguientes:

a) los programas de mantenimiento a dosis baja, junto con cuidados prenatales adecuados disminuyen el riesgo obstétrico a niveles comparables con mujeres no adictas en circunstancias socioeconómicas y médicas similares.

En otros estudios se ha visto que los programas de M.M. a dosis altas presentan índices de bajo peso al nacer similares al de las madres adictas no tratadas. Por otra parte, el Síndrome de Abstinencia del neonato suele ser igual e incluso más severo e intenso que de adictas no tratadas.

b) En programas de M.M. a dosis bajas no se han encontrado diferencias significativas respecto al bajo peso al nacer en comparación con el grupo control.

c) En estos programas de dosis bajas disminuye el riesgo de Síndrome de Abstinencia neonatal. Sólo un 25% fueron tratados farmacológicamente (principalmente "Valium"); aunque se observó alguna sintomatología en el 80% de los casos.

En otras investigaciones se considera que la reducción de la dosis no es tan primordial, ya que existen un gran número de variables intervinientes como son: diferencias en las dosis diarias, el tiempo de duración del M.M. en la embarazada y la cantidad de cuidados prenatales que recibe. Por otra parte, un alto porcentaje de esas mujeres continúa utilizando otras drogas. Lo que sí parece útil es reducir la dosis durante el último trimestre, ya que éstas son las que están más relacionadas con el Síndrome de Abstinencia del neonato (Harper y cols., 1977; citado por Finnegan, 1991).

Un 60% de los niños expuestos a metadona en útero presentan síntomas de abstinencia (hiperirritabilidad, alteraciones gastrointestinales, respiración angustiosa y síntomas autonómicos vagos que incluyen bostezos, estornudos, temblores y fiebre). Sin embargo, estos síntomas pueden ser tratados sin ningún efecto adverso para el recién nacido (Kaltenbach y Finnegan, 1989).

Otra de las variables más estudiadas ha sido el peso al nacer. Parece ser que las madres que han estado en M.M. disminuyen el riesgo de bajo peso al nacer en sus hijos, en comparación con los adictos no tratados (Connaughtoni cols., 1977; Kandall y cols. 1977). Por otra parte Kaltenbach y Finnegan (1987), encontraron que los nacidos de madres dependientes a opiáceos que habían estado en un programa de M.M. durante el embarazo pueden tener bajo peso al nacer y un circunferencia craneal menor, en comparación con los niños no expuestos a droga, pero no han observado retardo en el crecimiento.

En cuanto a las características neuroconductuales estudiadas principalmente a través de la escala de Brazelthon, tenemos que los niños nacidos de madres M.M. difieren de los de madres no dependientes en varias conductas. Los niños expuestos a metadona son más irritables y menos "amorosos", presentan más temblores y tienen incrementado el tono muscular. También parecen presentar una menor respuesta a la estimulación visual (Jeruchimowicz y Hans, 1985; Chasnoff y cols., 1984). Por otra parte, Kaltenbach y cols., 1990 investigando los efectos de la abstinencia neonatal sobre la habilidad del niño para interactuar con el medio, encontraron que los niños nacidos de madres en M.M. fueron deficientes en su capacidad de respuesta de atención social durante los primeros días después de nacer.

Afortunadamente esta conducta interactiva afectada desaparecía al eliminar la sintomatología de abstinencia.

12.5. CONCLUSIONES

La exposición a drogas en el útero constituye un factor de riesgo para el empobrecimiento del desarrollo físico y conductual de los niños. Las drogas opiáceas atraviesan la barrera placentaria, como apuntaban Blinick y cols. (1975), consecuentemente los descendientes de adictos a opiáceos son también adictos al nacer.

Hemos visto que los neonatos expuestos a heroína u opiáceos naturales tienen bajo peso al nacer y mayor probabilidad de morbilidad y mortalidad neonatal, y sus madres tienen más complicaciones durante el embarazo y el parto. No es raro que el recién nacido sufra un Síndrome de Abstinencia a opiáceos, similar al que pueda tener al que le falta la sustancia adictiva. Su presencia ha sido normalmente atribuida a una hiperirritabilidad generalizada del SNC, lo cual sólo puede ser debido a que los niños han adquirido la adicción in-útero.

Al revisar la bibliografía hemos podido constatar la falta de estudios que hagan un seguimiento longitudinal de estos niños expuestos a drogas opiáceas en el embarazo. Los estudios más amplios no sobrepasan los dos años (Jeruchimowicz y Hans, 1985). Desde un punto de vista metodológico, parece evidente la enorme dificultad para estudiar los posibles efectos a largo plazo; ya que sería muy complicado aislar la gran cantidad de factores que influyen en el desarrollo.

Observamos a través de los diferentes trabajos, que el Síndrome de Abstinencia en el neonato desaparece con o sin tratamiento en unos días; lo mismo ocurre con las demás sintomatologías asociada a dichos niños. Pero es evidente que éste y otros factores socio-familiares asociados a la adicción de la madre marcarán en alguna manera el desarrollo de estos niños a largo plazo. No obstante, los riesgos a nivel físico, psicológico y social sobre la mujer embarazada adicta a opiáceos, el feto y el recién nacido pueden ser considerablemente reducidos en un programa de mantenimiento con metadona, donde además de controlarse el consumo, se le faciliten otros servicios de apoyo, tal como el counseling o la preparación para la rehabilitación posterior.

VENTAJAS E INCONVENIENTES DEL USO DE METADONA DURANTE EL EMBARAZO

VENTAJAS

1. Disminución de la incidencia del bajo peso al nacer.
2. Disminución de la incidencia de prematuridad
3. Aumento del tamaño de los órganos y del núde células totales en comparación con los hijos de madres consumidoras de heroína.

*Todo ello es debido a que la metadona asegura unos niveles plasmáticos estables.

INCONVENIENTES

1. Aumento de la frecuencia, severidad y duración de los síntomas de abstinencia en los recién nacidos, en comparación con los hijos de madres no trataddas.
2. Mayor duración de la hospitalización y tratamiento del Síndrome de Abstinencia.
3. Aparición más frecuente de sintomatología subaguda de abstinencia consistente en: coriza croníca, deposiciones acuosas, temblores e irritabilidad por parte del recién nacido.
4. Aumento de la incidencia de convulsiones.
5. Mayor frecuencia de aparición del Síndrome de Muerte Súbita del Lactante.
6. Disminución inicial de la respuesta de succión.
7. Mayor pérdida de peso neonatal.

(Keith y colaboradores, 1987. Citado por Casas en 1991)

13. OTRAS DROGAS

13.1. ANFETAMINAS

El consumo de anfetaminas durante la gestación tiene como consecuencia al igual que otras drogas:

- Bajo peso del recién nacido
- Parto prematuro
- Malformaciones fetales
- Mayor mortalidad perinatal

A estas de por sí graves consecuencias se le debe agregar las alteraciones de la conducta que sufren los neonatos y los problemas que tendrán en el futuro para su adaptación emocional.

Las anfetaminas desarrollan tolerancia y la dosis que va a provocar la intoxicación o la muerte es variable de una persona a otra.

El cuadro que va a presentar la consumidora de anfetaminas que ha abusado de las mismas se caracteriza por:

- Taquicardia
- Hipertensión
- Sudoración profusa
- Midriasis
- Trastornos de conducta similares a estados psicóticos
- Ideas delirantes de persecución
- Convulsiones que pueden desembocar en coma

El ingreso hospitalario de emergencia es necesario para realizar lavado gástrico.

Es común también que la mujer presente un estado general de depresión física y mental. La física la denotará con fatiga, dejadez, desidia y hasta falta de higiene, la psíquica con estado de baja autoestima e ideas peregrinas de suicidio. Los allegados deberán realizar una estrecha vigilancia para evitar que pueda autolesionarse en algún momento.

El control psíquico para tratar de inducir a la deshabituación de las drogas durante el embarazo, es sumamente importante. El parto de estas mujeres se considera de alto riesgo y en la medida de lo posible debe ser monitorizado.

Son frecuentes las hemorragias post-parto y en el recién nacido puede aparecer síndrome de abstinencia.

13.2. BENZODIACEPINAS

Las benzodiacepinas y sus metabolitos atraviesan la placenta, siendo el feto sumamente susceptible a estas drogas recibidas a través de la madre. Se ha demostrado que la concentración de ciertas benzodiacepinas en la circulación fetal es igual o superior a la concentración de droga en el plasma materno.[88]

Se ha descrito un incremento de malformaciones congénitas en niños de madres que reciben benzodiacepinas durante el primer trimestre de embarazo[89] siendo las más evidentes hendiduras palatinas y labio leporino[90]

También se han visto alteraciones electrocardiográficas en el recién nacido de madres que han tomado altas dosis de Diazepam (30 mg) en el tercer trimestre de gestación.

Además de las antedichas, la adicción materna a las benzodiacepinas puede traer como consecuencia al niño en gestación y posteriormente al neonato:

- Necesidad de practicar una cesárea en el momento del parto

---

[88] Patel, D.y Patel A.: "Clorazepate and congenitao malformations" J.A.Med.Ass., 1980
[89] ibid 89 and Greenber, G el alt "Maternal drug Histories and congenital abnormalties" Br.Med.J. 1977
[90] Federal Drug Administration: "Teratogenicity of minor tranquillizer"Drug. Bull., 1975

- Apnea
- Hipoactividad
- Hipotonía
- Hipotermia
- Irritabilidad
- Dificultad para la succión
- Hiperbilirrubinemia
- Muerte súbita del recién nacido

En caso que la embarazada llegue a abusar de benzodiacepinas el cuadro que va a presentar se caracteriza por:

- Disminución del nivel de conciencia
- Hipotonía muscular (flojera)
- Presión arterial muy baja
- Bajo nivel de reflexión
- Puede presentar alucinaciones

La atención que se le debe prestar está determinada por el grado de conciencia que la gestante conserve. Si se encuentra consciente se debe inducir el vómito, si está inconsciente es mejor la hospitalización de emergencia para realizarle lavado gástrico.

Al igual que otras drogas las benzodiacepinas desarrollan tolerancia y al suprimirlas abruptamente, producen síndrome de abstinencia, que se presenta de 24 a 72 horas después de la supresión del fármaco. Se caracteriza por temblores, ansiedad, fiebre, sudoración, agitación, dolores abdominales e insomnio.

Llegado el momento del parto es conveniente realizar monitorización. Como en el caso de las anfetaminas, el consumo de benzodiacepinas puede provocar hemorragias después del parto. La lactancia materna está contraindicada para las madres que no lograron deshabituarse durante el embarazo, aunque cada caso debe ser valorado en forma independiente

Los recién nacidos presentarán sin duda síndrome de abstinencia, que puede comenzar unas pocas horas después del parto o tardíamente, dos o tres semanas después. En cualquier caso estará caracterizado por:

- Tremulaciones y temblores
- Hipotonía
- Irritabilidad
- Vómitos

Es tan común la ingesta de benzodiacepinas en las mujeres y aún en las embarazadas, incluso a escondidas de su médico, que consideramos importante insistir en que absolutamente toda clase de medicamentos a tomar cuando se está en estado de gestación deben ser autorizados por el facultativo.

13.3. BARBITÚRICOS

Se ha asociado el bajo peso del recién nacido con el consumo de barbitúricos aunque la consecuencia más grave de una exposición prolongada del feto durante la gestación a la acción de los mismos puede provocarle tras el parto un síndrome de abstinencia que puede ser mortal.

Este se puede presentar hasta cuatro semanas después del parto.

El cuadro clínico que presentan las consumidoras de barbitúricos en caso de sobredosis y los cuidados que se le deben prestar son similares a los descriptos en las benzodiacepinas.

13.4. L.S.D

Se tiene conocimiento de una mayor frecuencia de malformaciones fetales oculares y a nivel del sistema nervioso, así como un mayor número de abortos y anomalías cromosómicas.

Una embarazada que hace uso de este potente alucinógeno presenta habitualmente un cuadro de sobredosis dado que la dosis habitual del mismo está casi siempre muy cerca de la dosis tóxica.

El cuadro a presentar se caracteriza por:

- Inquietud psíquica y motora
- Desorientación en el tiempo y en el espacio
- Distorsiones de la percepción
- Distorsiones de la imagen corporal
- Ilusiones táctiles, auditivas y visuales
- En casos extremos puede aparecer depresión de los centros respiratorios

No se debe permitir que la madre consumidora de este alucinógeno lacte a su bebé.

El recién nacido no presentará síndrome de abstinencia.

13.5. INHALANTES

Los efectos perinatales en el caso de consumo de inhalantes están caracterizados por los abortos espontáneos y una mayor frecuencia de malformaciones fetales a nivel cerebral, así como hendidura palatina.

Los niños nacidos de madres habituadas a los inhalantes pueden presentar alteraciones neurológicas hasta los dos años de edad y a veces en forma permanente.

El cuadro de intoxicación por inhalantes en una mujer embarazada es similar al de intoxicación etílica aguda y se caracteriza por:

- Depresión del sistema nervioso central
- Náuseas
- Vómitos
- Midriasis
- Algunas veces se presentan alucinaciones

En casos de mayor gravedad:

- Edema agudo de pulmón
- Trastornos del ritmo cardíaco
- Insuficiencia hepática
- Depresión medular

El diagnóstico de este tipo de intoxicación en las embarazadas puede hacerse partiendo de una fuerte halitosis (mal aliento) que despide la paciente e indagando en la familia si no han encontrado restos de cola, barnices, combustibles, etc.

La supresión de la droga puede producir un cuadro depresivo con trastornos de la memoria. Las alteraciones que la misma puede haber producido en la economía materna, son reversibles al abandonarla, salvo los cambios neurológicos que pueda haber producido la inhalación de gasolina y las alteraciones visuales que como consecuencia producen la inhalación de barnices, pinturas y lacas que son irreversibles.

14. CUESTIONARIO PARA MADRES DROGODEPENDIENTES

Mª Rosa Martínez Barellas,
Isabel Chaure López, María Inarejos García
Roser Alvarez Miró
Enfermeras, Profesoras titulares de la E.U.E de la Universidad de Barcelona

14.1. INTRODUCCION

La inciedencia de madres adictas a sustancias consideradas <<drogas>> está creciendo espectacularmente. Por dichas sustancias entendemos aquellas drogas socialmente aceptadas (como el alcohol y el tabaco) y las incluidas en el grupo de las <<no legales>> (heroína, cocaína, crack...) sin que podamos olvidar la dependencia farmacológica a sedantes o estimulantes.

Cada una de estas sustancias presenta unos problemas, en ocasiones similares y en otras diferenciados, pero lo que es evidente es que todas ellas originan secuelas graves en el feto. el neonato de madre alcohólica, farmacodependiente, adicta a la heroína; etc. con toda seguridad será un recién nacido de <<alto riesgo>>, no sólo por la alta posibilidad de presentar <<síndrome de abstinencia>>, sino también porque pueden aparecerle un amplio espectro de complicaciones médicas y obstétricas que van desde el insomnio, temblor, llanto agudo... hasta microcefalia, anomalías gastrointestinales y otras mucho más terribles como la Infección por el VIH o el virus de la hepatitis B.

En consecuencia el tema de recién nacidos de madres drogadictas presenta una incidencia creciente y las actuaciones de Enfermería que requieren dichas situaciones hace necesaria una mayor y mejor comprensión de todos los aspectos relacionados con este terrible problema que además, suele predominar en familias con un nivel socio-económico y cultural bajo.

14.2. PREGUNTAS

1. ¿Qué tipo de droga ingerida por la madre durante la gestación se considera tóxica para el recién nacido?

a) El alcohol y la nicotina.
b) Solamente las drogas administradas por vía parental.
c) Solamente las drogas inhaladas.

2. ¿El alcohol puede causar síndrome de abstinencia en el recién nacido?

a) No.
b) Sí.
c) Sólo cuando se asocia con anfetaminas.

3. La fisonomía característica de la embiropatía alcohólica fetal es la siguiente:

a) Microcefalia, cataratas, labio inferior grueso, lesiones cutáneas.
b) Microcefalia, implantaón baja de las orejas, fisuras palpebrales cortas, comisuras caídas.
c) Megacefalia, ojos en sol poniente y apéndices cutáneos.

4. ¿Un recién nacido hijo de padre alcohólico puede presentar los rasgos dismórficos anteriormente citados

5. De las siguientes afirmaciones, ¿cuál sería la correcta?
a) El tabaquismo en la mujer gestante aumenta el riesgo de problemas perinatales.
b) El procentaje de fumadoras en edad fértil ha aumentado en Cataluña en los últimos diez años.
c) Ambas

6. La vía más frecuente de administración de la cocaína es:

a) Endovenosa.
b) Inhalada o fumada.
c) Subcutánea.

7. La heroína, ¿a qué grupo de sustancias químicas pertenece?

a) Estimulantes.
b) Sedantes
c) Oiáceos

8. De las siguientes afirmaciones, una es incorrecta:

a) La inyección de droga en vena puede producir gangrena.
b) La inyección de droga en vena puede producir una hepatitis A.
c) La inyección de droga en vena puede producir una hepatitis B.

9. ¿Los recién nacidos pueden ser pasiva y fisiológicamente adictos a las drogas que hayan tomado sus madres durante el embarazo?

a) Sólo en ocasiones.
b) Siempre.
c) Nunca.

10. Los signos y síntomas del síndrome de abstinencia nonatal suelen aparecer:

a) 24 horas-4 semanas de vida.
b) 2-5 semanas de vida.
c) Después del mes de vida.

11. Las manifestaciones del síndrome de abstinencia neonatal consisten en:

a) Apetito voras, vómicos, diarrea y fiebre.
b) Convulsiones, temblores, llanto en tono agudo.
c) **a y b** son ciertas.

12. El tratamiento inicial consiste en:

a) Envolver al niño en mantas, y mantenerlo en una habitación tranquila y oscura.

b) Tratamiento farmacológico.

c) En caso de diarreas, no administrar tratamiento profiláctico.

13. Serán consideradas contraindicaciones para la lactancia materna:

a) Heroína.

b) Todo tipo de drogas.

c) Alcohol.

14. El deshabituamiento a lo narcóticos en el niño puede durar:

a) 1 mes

b) 1-2 meses

c) 6 meses

15. En el síndrome de abstinencia neonatal una intervención de Enfermería podría ser:

a) Reconocer los síntomas principales.

b) Asegurar qué las medidas profilácticas oculares hayan sido realizadas.

c) Ambas.

16. En la planificación de los cuidados al recién nacido con síndrome de abstinencia, y ante la irritabilidad y la falta de descanso con llanto agudo, ¿cómo se debe actuar?:

a) Cogerle en brazos y distraerle para que no llore.

b) Organizar los cuidados en los periodos de sueño interrumpido

c) No proporcionar chupete entre tomas.

17. Para estimular la responsabilidad paterna en el cuidado de su hijo, ¿por donde empezaría?

a) Contacto frecuente padres-niño.

b) Infundirles miedo y culpabilizales.

c) Remitirlos al asistente social.

18. En la evaluación de los cuidados del recién nacido, una de las siguientes afirmaciones no pertenece a esta etapa:

a) El recién nacido mantiene un estado metabólico normal.

b) La enfermera avisa al pediatra de una conducta sospechosa.

c) El niño mantiene una oxigenación adecuada y no presenta signos de dificultad respiratoria.

14.3 RESPUESTAS

1. a) Las drogas más habitualmente tomadas durante la gestación son el alcohol y la nicotina, aunque socialmente están aceptadas. El alcohol atraviesa fácilmente la placenta y alcanza rápidamente el feto (se encuentra en el líquido amniótico y en sangre de cordón).

La exposición crónica al alcohol «in útero» en hijos de madres alcohólicas moderadas o severas, puede presentar diversos síntomas que varían desde leves a reveros, con mayor índice de abortos y mortinatos espontáneos, anomalías congénitas y/o retraso mental.

La severidad y la frecuencia de estos efectos se relacionan con la dosis, el período de gestación y la susceptibilidad individual.

El riesgo de anomalías congénitas en los hijos de madres adictas al alcohol es el siguiente: 10% si las madres consumen más de 30 a 60 cm de alcohol absoluto por día; 19% si consumen más de 60 cm de alcohol absoluto; y 40% si consumen más de 150 cc de alcohol absoluto por día durante la gestación.

2. b Después del nacimiento, los niveles de alcohol en sangre son mayores en el recién nacido y se eliminan más lentamente que en la madre. Si bien la abstinencia alcohólica aguda es más propia en el adulto, lo cierto es que están descritos casos en recién nacidos. El síndrome se caracteriza por: olor alcohólico en el aliento durante varias horas después del nacimiento, una fase de hiperactividad, temblores y convulsiones durante 72 horas

aeguida de una fase de letargo que persiste durante 48 horas y, finalmente, normalización de la actividad y la respuesta.

3.b Es síndrome de alcoholismo fetal o embriopatía se caracteriza por una facies dismórfica que se va acentuando a medida que el niño crece. En genaral el perímetro cefálico está disminuido y muestra una expresión triste con las comisuras caídas y fitrum hipoplástico, iplantación baja de las orejas que a veces son aladas, retrognatla y separación ocular excesiva, fisuras palpebrales cortas y a veces epicantus.

Esta fisonomía especial suele ir acompañada de retraso mental, debido al daño del sistema nervioso central, secundario al alcohol y/o sus metabolitos.

También se acompaña de déficit de crecimiento que continúa durante la infanciacia, y pueden presentarse anomalías tales como cardiopatías congénitas, defectos articulares, luxación de cadera, anomalías de los genitales externos y hemanglomas cutáneos.

4. a La transmisión de los genes no interviene en el síndrome alcohólico fetal. La alcoholemia materna es la responsable directa del daño fetal.

5. c Los diferentes estudios que se han ocupado de los efectos del consumo del tabaco durante la gestación muestran una relación directa entre el nivel de tabaco consumido y la incidencia de placenta previa, desprendimiento prematuro de placenta, hemorragias durante el embarazo, y rotura prematura de membranas con el consecuente mayor riesgo de nacimientos prematuros o pérdidas fetales. También se ha relacionado con el retraso de crecimiento intrauterino.

La encuesta sobre drogodependencia realizada por el Departament de Saintat Y Seguretat Social de la Generalitat, demuestra que es hábito de fumar es las mujeres en edad fértil ha experimentando una significativo y progresivo aumento en Cataluña.

Debe convencerse a la gestante para que elimine el consumo de tabaco, evitando los efectos nocivos sobre su hijo.

6. b La cocaína se absorbe bien a partir de todas las vías de administración. La vida media depende de la dosis y vía. El «crack», un alcloide de la cocaína, resulta la más utilizada: la más barata y se inhala o fuma; su absorción es muy rápida por el pulmón.

El abuso de cocaína y de «crack» se socia significativamente a abortos espontáneos, muertes fetales, prematuridad, retraso de crecimiento intrauterino, microcefalia y anomalías gastrointestinales en el recién nacido (atresia intestinal, enterocolitis).

7. c La heroína (diamorfina), juntamente con la metadona, morfina y codeína pertenecen al grupo de los opiáceos.

Entre los estimulantes se encuentran las anfetaminas («éxtasis»), cocaína, nitocina.

En el grupo de los tranquiliza aparecen las benzodiazepinas (diazepán, lorazepzán).

    Como sedantes: los barbitúricos, el alcohol.
    En disolventes: acetona, tolueno, benceno, tricioroetileno.

8. b La inyección de de droga en vena no está definida como causante de la hepatitis A.

La inyección endovenosa crea un alto riesgo de adicción, sobredosis y envenenamiento.

La técnica incorrecta puede provocar necrosis tisular local y gangrena de la parte distal afectada.

El uso de material no estéril comporta riesgos de septicemia, hepatitis B y SIDA.

9. a En determinados casos los recién nacidos pueden ser pasiva y fisiológicamente adictos a las drogas que hayan tomado sus madres y presentar signos del sídrome de abstinencia neonatal.

10. a Las manifestaciones del síndrome de abstinencia no natal pueden aparecer inmediatamente después del nacimiento o en la primera semana de vida, ya que el aporte al niño es abruptamente finalizado en el parto. En el caso de la heroína suelen aparecer entre 1-5 días de vida y a las 1-4 semanas en el caso de la metadona. La incidencia de abstinencia depende de la dosis ingerida, de la duración de la adicción materna, menor de un año (55%) o mayor de 1 año (73%), y del tiempo transcurrido de la última dosis (24 h antes del nacimiento, la incidencia es elevada).

11. c. Los recién nacidos con síndrome de abstinencia presentan: estornudos, bostezos, apetito voraz, vómitos, diarrea, fiebre, sudoración, taquipnea, llantos agudos, temblores, accesos de furia, sueño escaso, rechazo del alimento y convulsiones.

La enfermedad tiende a ser más grave en el caso de abstinencia de metadona.

12. a El tratamiento inicial depende de los casos. En ocasiones bastará con envolver al niño en mantas y mantenerlo en una habitación tranquila y oscura. Se resuelve espontáneamente en pocos días.

Cuando la hiperactividad es constante y la irritabilidad interfiere con el sueño y la alimentación o cuando aparece diarrea o convulsiones, está indicado un tratamiento farmacológico.

En general las convulsiones se tratan con fenobarbital y diazepan, solos on en combinación. Los demás síntomas pueden controlarse con dosis sustitutivas de narcóticos para calmar al lactante. Muchas unidades utilizan un sistema de evaluación mediante puntuación del síndrome de abstinencia para decidir la necesidad del tratamiento y su eficiacia.

13. a La lactancia materna ha sido motivo de controversia en la madre drogodependiente. El camino más fácil consiste en no permitirla, basándose en que las drogas secretadas por la leche afectan al niño. Sin embargo, esta política restrictiva crea una barrera en el vínculo materno-filial.

La Academia Americana de Pediatría sólo identifica la heroína como contraindicación para la lactancia materna. No obstante existe evidencia de que la cocaína y el alcohol pasan libremente a la leche materna. Todo ello hace que deba individualizarse muy cuidadosamente la indicación o no de la lactancia materna.

14. b El deshabituamiento a los narcóticos en el niño puede prolongarse más de 1-2 meses.

15. c La enfermera deberá estar familiarizada con los principales signos que presenta un recién nacido con síndrome de abstinencia, lo que facilitará un diagnóstico precoz y, a su vez, reducirá la incidencia de morbilidad y mortalidad de estos recién nacidos de alto riesgo.

Son intervenciones de Enfermería tanto reconocer los principales síntomas que caracterizan este recién nacidos que probablemente puedan presentarlo, como asegurar que la profilaxis ocular se haya realizado, ya que está descrita una gran incidencia de infección gonoccócica en mujeres gestantes adictas a las drogas.

16. b Los cuidados se planificarán teniendo en cuenta que deben reducirse todos aquellos estímulos externos que desencadenan en hiperactividad e irritabilidad:

- Reducir la capacidad de autoestimulación del recién nacido arropándolo de forma restrictiva y sujetándolo firmemente, y proporcionándole masajes relajantes.

- Minimizar la manipulación y los estímulos ambientales (luz, sonido).

- Organizar los cuidados en los períodos de sueño interrumpido y administrar la medicación coincidiendo con las comidas, exepto si vomita (en este caso es aconsejable acerlo 30 minutos antes).

- Protejer la piel de los recién nacidos hiperactivos de la irritación y las abraciones cutáneas (mantener al niño limpio y seco, usar soporte textil o colchón de agua, cambios posturales frecuentes).

- Utilizar chupete entre tomas para tranquilizarle y aminorar la succión frenética.

17. a Para estimular la responsabilidad materna en el cuidado de su hijo lo primero que hay que tener presente es el establecimiento precoz del vínculo madre-niño y reforzar la relación parental. El contacto frecuente es fundamental; al establecerse el vínculo es más fácil observar la actitud materna hacia su hijo y evaluar si la madre es capaz de aceptar la responsabilidad del cuidado de su hijo, o si por el contrario ella puede no ser capaz, sentirse angustiada, inadecuada y preocupada, considerando al hijo motivo de carga. Es importante que la madre dé de comer a su hijo y mostrarle los progresos y reacciones positivas del niño; de esta manera se va estimulando la responsabilidad parental y se habla de los sentimientos. En una segunda fase, preparando el alta del niño, se le explicará a los padres la importancia del seguimiento, se les darán a conocer sus posibles conductas (son irritables y descansan poco durante varios meses) y se pondrán en contacto con el asistente social para evitar al máximo los malos tratos por ambiente inestable que pueda afectar al futuro bienestar y desarrollo del pequeño, las infecciones, los fallos de crecimiento, muerte súbita, etc.

18. Avisar al pediatra ante cualquier conducta sospechosa es una intervención de Enfermería. Los resultados esperados son de evaluación serían los siguientes:

- El recién nacido mantiene un estado metabólico normal.

- Alcanza una ingesta adecuada evidenciada por el aumento de peso.

- El niño progresa con pocas complicaciones evidenciadas por su conducta tranquila aumento de peso y signos vitales estables.

- El niño mantiene una oxigenación adecuada y no presenta signos de dificultad respiratoria.

- El niño está libre de infección tal y como lo demuestran los signos vitales y las pruebas de laboratorio.

- El vínculo materno-filial se establece y se demuestra durante la hospitalización.

www.ingramcontent.com/pod-product-compliance
Lightning Source LLC
Chambersburg PA
CBHW080454170426
43196CB00016B/2807